心のライフライン❸

変化に直面した教師たち

一千人が中途退職する東京の教師の現状と本音

河村茂雄

誠信書房

はじめに

ここ五、六年のあいだ筆者は、筑波の中央研修の講師をさせていただいており、全国の先生方と知り合う機会が多くなりました。その関係から、各県の教員研修会にも数多く参加させてもらっています。そのようななかで、漠然と、「首都圏の先生方よりも、地方の先生方のほうが元気だ」「とくに東京の先生方の元気がない」と感じるのです。

このことを、カウンセリング関係の大学教官をやっている友人たちに話すと、みな同感してくれ、似たような話を聞かせてくれました。

彼らが長年続けている研修会や研究会でも、東京都の先生方の参加は、ここ三、四年、著しく少なくなったというのです。会場は東京都内でやることが多く、そこに埼玉や群馬、栃木、遠く東北や、静岡、愛知の先生方も通ってきてくれるのに、地元の東京都の先生方はきわめて少ないというのです。

東京都の教員数は他県と比べても飛びぬけて多いですから、この状況は注目に値します。

学校改革が行政側の意向で強力に推進されている東京、その改革の成果はすぐに地方のモデルとなる東京、この意味でも、東京の先生方の実態は、全国の先生方にも他人事ではないはずです。

学校改革が進んでいる東京で、どのような改革が実施され、どのような状況が現出し、現場の先生方はそれをどのように受け止めているのでしょうか。そして、学校改革の大きな波のなかで、教師という仕事を通して、どのような思いで自分の人生を歩んでいるのでしょうか。

本書は、強力に推進されている学校改革に、何が何でも反対しようという趣旨ではありません。むしろ教育現場が良くなるために、改革は必要だと思います。問題はその展開のあり方だと思うのです。ここの部分の実態が見えないのです。

本書は、東京都の学校改革の実態と、そのなかで試行錯誤している先生方の実態を紹介します。そして、どのような先生が苦戦してしまうのか、改革の際に必要なものは何なのかを検討します。

それを大きな変化のなかで、教師という生き方を通して自分の人生を充実させようとしている、東京の普通の先生方の心のライフラインを紹介しながら展開したいと思います。

古きよき時代を経験している中堅以上の先生方の、現在の学校改革の捉え方とそのなかでの日々の歩み。そこに、学校現場の大きな変化の波のなかで、教師として生きていく、身近で、心強い、したたかなヒントがあると思います。

本書が「教師としてどう生きていくことが、自分の人生を充実させることにつながるのか」「一人の人間として、教師という仕事がどう自分の人生に位置づいていくのか」、これらを、本音で考えるための視点をいくつか提供できればと思います。

家庭のなかの保護者と同様に、学校のなかの教師が心の健康を保ち、教育者としての夢、誇りをもてなければ、子どもたちによい教育をすることはできないと思います。

多くの教師たちが意欲的に充実した教師生活を送ることができるようになれば、結果として、学校教育はよくなる、と信じております。

本書が、学校現場で悪戦苦闘し、それでも教育にこだわって実践を続けている全国の先生方の参考になれば幸いです。

平成十八年初春

河村　茂雄

目次

変化に直面した教師たち

‥一千人が中途退職する東京の教師の現状と本音

②章　中堅・ベテラン教師が戸惑う三つの変化　22

本文装画　兼重俊晴

1章 今、なぜ教師たちが厳しいのか

近年、東京では年間千人以上の教師たちが、定年を待たずして中途退職しています。その先生方には、退職する理由がそれぞれあったことでしょう。

しかし、その理由のなかには、現在の教師という仕事の厳しい現状があることを、否定することはできません。

二〇〇四年（平成十六年）度の教師の病気休職者は六千人を超え、そのうち、精神性疾患による休職者は病気休職者の五三・一％を占めています。これは平成十年度の約二倍にあたり、在職者に占める精神性疾患による休職者の割合は、この十年間増加を続けているのです。

病気休職している教師の背後には、その予備軍ともいえるような精神衛生の悪化している教師が多数存在していることでしょう。

教師の心の健康について、私が多数の現職の先生方に調査をした結果（詳細は、拙著『教師力』

誠信書房、を参照してください）、次のことが明らかになりました。
教師の心の健康の悪化の要因は、単に、学校ストレスが高まっているというだけではありませんでした。日々の教師としての仕事に、教職のやりがいを感じられない状態になっている、という点も見逃してはならない重要な要因だったのです。

今、なぜ教師たちが厳しいのかを考えるとき、学校ストレスが急激に増加している現状、教師たちが教職にやりがいを感じられなくなってきた実態を検討し、その背景にある教師の心理を分析する必要があると思います。

この問題は一教師の問題ではなく、すべての教師たちが抱える問題であり、現在の教師たちが社会的に置かれている構造に起因する面があると思います。

これらを検討することは、現在学校現場で悪戦苦闘している先生方や、これから教師を目指す方々に、これから教師として生きていくにはどうすればよいのか、のヒントを提供してくれると思います。

本章では、第1節で具体的な学校現場の変化を、三つの要因から取り上げ、解説します。第2節では、三つの要因が教師の精神衛生、「学校ストレス」と「教職のやりがい感」に与える影響について解説します。そして第3節では、このような変化のなかで、具体的にどのようなタイプの先生方が苦戦しているのかを、具体的に明らかにしたいと思います。

第1節　学校現場の大きな三つの変化

現在の学校や教師たちを取り巻く厳しい状況には、「教育実践環境の変化」「期待される教育内容・活動の変化」「勤務条件の変化」の三つが大きな変化として背景にあります。

これら三つの変化が相互に作用し合い、そのバランスや凸凹で、その学校、勤務している教師たちに大きな影響を与えていくのです。この変化について、まず説明します。

☆「教育実践環境の変化」

教師が教室で教育実践を展開するうえで感じる「教育実践環境の変化」が、まずあります。

具体的には、以下の三つが合わさって「教育実践環境の変化」を生んでいます。

1　子どもたち個々の個別対応の多さ・難しさと、集団としての教育の難しさ
2　保護者の要求・クレームの幅広さと強さに対する対応の難しさ
3　地域社会の現状とモラルの低下に対する対応の難しさ

一九九〇年代後半から学級崩壊という言葉が生まれましたが、学級経営の難しさの現状を象徴して

いると思います。対人関係をうまく形成できない、集団生活のルールに従って、学級生活・授業をはじめとする学級活動に参加できない、このような子どもたちがとても増えてきたのです。

こういう子どもたちが三十〜四十人集まった教室は、一九八〇年代までのような学級集団が形成できにくくなり、教師は子どもたち一人ひとりの個別配慮を、個別支援という形で対応していくことが多くなりました。不適応傾向の子どもを、さりげなく支えていたような子どもたちの存在も、きわめて少なくなってしまったのです。

つまり従来の共同体のような面を持った学級集団の育成自体が、難しくなったのです。

これらの背景には、都市化が進み、地域の住民同士の人間関係が希薄化し、互いに関係がないなかで、公共のモラルが低下しているという実態があると思います。ルール違反しても人の目は気にならないし、注意をする人もいないという現状です。人びとはモラル、公共心という意識が、従来と比較して著しく低下しているのではないでしょうか。子どもたちはこのような地域のなかで生活し、そのままの状況で学校に登校し、教室のなかで行動するのです。

保護者の教育に対する要求もより私事的に強くなり、その要求に対応しながら学級全体の舵取りをするのはかなり難しいものです。学校選択性が実施されている地域では、その傾向はとても強いと思います。

都市化が著しく進んでいる東京では、この「教育実践環境の変化」は大きなものです。

中途退職者に占めるベテラン教師の割合がとても高いのは、この変化に対して、彼らの今までの経験則が教育実践で通用しなくなった、という面が強いのだと思います（詳細は拙著『学級崩壊に学ぶ』『教師のためのソーシャル・スキル』共に誠信書房を参照）。

☆「期待される教育内容・活動の変化」

年々悪化している不登校問題の背景に、学力偏重による詰め込み教育があるとして、ゆとり教育が強力に推進されたのは、十年ちょっと前でした。また、あわただしく総合的学習の時間が設定され、教師はその指導計画作り・教材作りに追われたときもありました。

しかし、その教育の成果そのものの総括がなされる前に、子どもたちの学力の低下問題がクローズアップされ、ゆとりや総合学習は一気に影が薄くなり、授業時間を確保しての基礎学力の充実、繰り返し学習の復権という風に、一回りして元に戻った感じです。

そのつど、地域の教育委員会の指示のもと、学校現場はその時期に強調されているテーマに特化させられ、教育実践の重点が変化する傾向があります。

教師の研修会の内容もそうですし、地域の研究指定校のテーマもしかりです。

そして、実践の成果を実証的に検証することは少なく、テーマが次に移ると、いつのまにか教師が忙しく取り組む内容も、次のものに変わっていくという繰り返しのような気がします。二〇〇五年末の現在のテーマの中心は、学力向上と特別支援教育でしょうか。

教師は今まで忙しく取り組んでいたのは何だったのだろうかと、むなしくなってきてしまいます。

現在の教師がおかれている現状は、難しい教育現場のなかで「期待される教育内容・活動の変化」が、教師に落ち着いて実践する余裕を与えず、何を中心に教育実践をすればよいのか惑い、物理的な仕事量の増加のなかで、教師として生きる夢、自信、そして教育の専門家としての誇りが、徐々に低下しているのではないかと思うのです。

このような状況で、実施だけが上のほうで決められ、成果を形にして出すことを求められた学校現場は、混乱してしまうと思うのです。

☆「勤務条件の変化」

さまざまな教育問題の深刻化の背景には、教師の指導力に問題があるという認識が、社会のなかに広まってきたように思います。教育という家庭や地域の問題が複雑にからまる問題は、トータルでシステム的な対応を、時間をかけて計画的に行わなければ、成果を上げるのは難しいものです。しかし、学校、家庭、地域という三つの連携は、口で言うほど簡単なものではなく、なかなか成果が形となって現われないのが現状ではないでしょうか。

このような閉塞的な現状のなかで、教育という大きな問題に対する取り組みに、社会全体として、疲れと焦燥感が出てきていると思います。このような雰囲気は教育問題に対する問題解決志向を弱め、問題を深刻化させた犯人探しに論点がいってしまいがちになります。その批判の矛先が、教師に向かっているという側面があると思います。

教師の日々の勤務における服務規定の徹底、夏季休業時期における通常勤務や自宅研修の制限、研修内容の自由化の制限と官製研修の強化、イデオロギー問題の統制、そして教師評価制度の導入など、教師の資質、指導力の向上という名目で、教師への管理が強まっています。

教師はある程度の個人裁量が認められた教育の専門家としての存在から、定められたこと、指示されたルーティンワークをこなす存在へと、「勤務条件の変化」が起こってきたのです。

「教育実践環境の変化」「期待される教育内容・活動の変化」「勤務条件の変化」、これらの変化一つひとつでさえ、働く教師に与える影響は大きいのです。それが三つ同時に、急激に起こったら、そのインパクトは非常に大きいと思います。

それが起こったのが東京ではないでしょうか。三つ同時に、急激に起こったことで、マイナスの相乗効果が生まれ、教師を強く追い詰めることになり、年間千人以上の教師たちが定年を待たずして中途退職している、という実態につながっているのではないでしょうか。

したがって、東京以外の地域でも、この三つの変化が同じように作用したら、そこで働く教師は、心身的に強く追いつめられることになると思います。次節では、三つの変化が教師の精神衛生に与える影響を考えてみます。

第2節　「学校ストレス」と「教職のやりがい感」との関係

私が二〇〇〇〜二〇〇一年に、千人を超える現職の教師に調査したところ、教師たちが心の健康を損なう二つの大きな要因があることがわかりました。「学校ストレス」と「教職のやりがい感」です（拙著『教師力』参照）。

「学校ストレス」と「教職のやりがい感」は、相互に関係しあいながら、教師の心の健康に影響を与えます。処理しきれないほどの「学校ストレス」が増加し、かつ、「教職のやりがい感」が著しく低下しているとき、教師の心の健康、精神衛生は一気に悪化してくることが、私の研究結果からも明らかになっているのです。

特に教職のやりがい感の低下という要因は、従来指摘されることは少なかったのですが、実は重要な要因なのです。

大雑把に、内容を解説します。

☆学校ストレス

「学校ストレス」とは、教師が学校現場で感じるいろいろなストレスを総称して筆者が定義したもので、代表的な学校ストレスは、六つの領域があります。

1　難しい児童・生徒への対応

「不安が強い子ども、学級集団にうまく適応できない子どもに対応する」「非社会的な子どもへの対応や、つっぱっている、反抗的である、学校のきまりを無視する等、反社会的な問題行動をもつ子どもに対応する」などが、この領域に入ります。

つまり、子どもとの人間関係のマイナスの側面を垣間見ることになり、強いストレスを喚起されるのです。

2　同僚教師との関わり

「教師間での協力が得られない」「陰口や中傷など、同僚の他の教師に対する態度に疑問を持つ」「他の教師の子どもへの対応の仕方、教育実践のあり方に疑問をもつ」、これらがこの領域です。

教師の仕事は、学年団や同じ校務分掌を担当する教師チームで運営されることがとても多いので、そのチームワークの状態は教師の教育実践に強い影響を与え、喜びもストレスも喚起するのです。

3　管理職との関わり

「管理職と対応方針や教育実践上の意見が食い違う」「管理職の指導力に不信感を感じる」、また「管理職に評価されること」自体も、この領域に入ります。

つまり、学校も組織である以上、教師を統率・管理する役割として、校長や教頭などの管理職がいます。教師は管理職の管理下で、教育実践に取り組んでいくわけです。したがって、その管理自体の強さ、管理する方向が自分の思いや考えと一致しない場合、そこにストレスが生じるわけです。

4　主要な教育実践の不振

「学級経営、保健室の運営がうまくいかない」「授業が思うように進められない」「教育実践に対して、保護者の理解が得られない」、これらがこの領域に入ります。

つまり、教師の仕事の中心と考えられる領域で、取り組んだことが自分の期待通りの成果を得られないので、強いストレスを喚起されるのです。

5　気がすすまない仕事への取り組み

「通常の勤務日以外の日に、地域やPTAの活動に教師として参加する」「希望していない校務分掌を担当する」、これらがこの領域に入ります。

つまり、できれば関わりたくない仕事に、いやいやながらも取り組んでいるわけなので、ストレスを感じることになるのです。

6　日常のルーティンワーク

「諸帳簿や学級経営案、授業の年間計画などの記入をする」「清掃や給食指導をする」、これらがこの領域に入ります。

つまり、どちらかというと事務的な仕事や、雑務と感じられる仕事で、一つ一つは小さな日常的な仕事なのですが、日々積み重なることで、ストレスも少しずつ蓄積されていくのです。

「学校ストレス」の各領域は、お互いに悪影響を与え合い、相互に巻き込み合いながら増加していきます。たとえば、授業がうまく進められないという実態が、同僚教師の不信をかい、かつ管理職の評価も厳しくなり、注意を受けることが多くなり、それがさらに同僚の不信を強めてしまった、という具合です。

一つの要因が他の要因に悪影響を与え、学校ストレスは相乗的に悪化し、ストレスは急速に高まっていくという悪循環に落ち込んでいくのです。

☆教職のやりがい感

教師の教職のやりがい感は、次の四つの領域で構成されています。いくつかの領域が合わさってその教師の教職のやりがい感は形成され、それを意欲の根源として、教師は日々の教育実践に取り組んでいるのです。

1 子どもとの関わりと職場環境の満足感

「クラスがまとまり、子どもたちと打ち解けた会話ができる」「職員室に和やかな雰囲気がある」、これらがこの領域に入ります。

つまり学校で、子どもたちと同僚教師たちとのふれあいのある人間関係が同時に満たされているとき、教師は充実感・満足感を強く感じ、それが教職のやりがい感につながっていくのです。

2 対外的な評価への満足感

「自分が指導した結果、対外行事や部活動でよい評価を得る」「自分が指導した子どもたちの学力が、他の教師が指導した場合よりも優れていたと評価される」、これらがこの領域に入ります。

つまり、対外的な評価を得ることが、個人の自己満足感を向上させることにつながり、個人の自己評価を高め、それが教職のやりがい感につながっていくのです。

3 働く内容への満足感

「自分なりに創造的に仕事に取り組めている」「社会的に価値のある職業に従事しているという実感がもてている」、これらがこの領域に入ります。

教職の仕事に自分なりの意義や意味を見出し、それに熱心に取り組めている実感が、このやりがい感の中心となります。対外的な評価を高めるかどうかよりも、自分にとって意味があると感じていることに、夢中に取り組めている満足感が、さらに教職に取り組もうという内発的な意欲を喚起するのです。

4 労働待遇への満足感

「給料が安定していて、福利厚生が充実している」、これらがこの領域に入ります。

教師の労働者としての、経済的・労働条件の満足感の側面が中心となったやりがい感です。教師も労働者ですから、この側面は生活していくうえで基本的な条件になるのです。

教師が自分の仕事に熱心に取り組むのは、単に学校ストレスが少ないという理由だけではありません。仕事に取り組むことが、生きる充実感につながっていくというような、教職にやりがいを感じ、自ら進んで取り組んでいる側面も大きいのです。

教師や看護師など、人の教育・援助に関わる仕事の従事者には、この側面がとても大きいのではないでしょうか。「教職のやりがい感」の低下とは、教師という仕事のもつ意義や価値がだんだんと感じられなくなってしまい、教育実践に向かう意欲が喪失してしまうことなのです。

つまり、①「教育実践環境の変化」、②「期待される教育内容・活動の変化」、③「勤務条件の変化」は、教師に処理しきれないほどの「学校ストレス」の増加をもたらし、かつ、「教職のやりがい感」を著しく低下させる方向に作用していると思います。
まず、「学校ストレス」を直接悪化させる可能性の高い変化は、次のようなものです。
①「教育実践環境の変化」は、「難しい児童・生徒への対応」「主要な教育実践の不振」の可能性を高めると思います。
②「期待される教育内容・活動の変化」は、「気がすすまない仕事への取り組み」「日常のルーティンワーク」の可能性を高め、同時に「難しい児童・生徒への対応」「主要な教育実践の不振」の可能性をも高めると思います。
③「勤務条件の変化」は、「同僚教師との関わり」「管理職との関わり」「気がすすまない仕事への取り組み」「日常のルーティンワーク」の可能性を高めると思います。この背景には、管理職による教師評価のシステムの影響が大きいと思います。
少し補足すると、評価される教師は自分の実践の悩みを管理職に相談しにくくなりますし（管理職との関わり）、評価される教師は自分の評価がやはり大事ですから、教師同士の支えあう人間関係（難しい仕事を避けあう）は徐々に後退します（同僚教師との関わり）。そしてやはり評価が気になりますから、気が進まない仕事も素直に引き受けることが多くなり、かつ、評価されるための書類作りに多くの時間を割くことになります（「日常のルーティンワーク」）。

次に、「教職のやりがい感」も著しく低下させる方向に作用すると思います。

①「教育実践環境の変化」は、「子どもとの関わりと職場環境の満足感」「対外的な評価への満足感」を低下させると思います。

②「期待される教育内容・活動の変化」は、「働く内容への満足感」を低下させると思います。自分なりに創造的に仕事に取り組めている実感、希望の仕事を任されてそれに打ち込めている喜びなどは、強いマイナスの影響を受けるでしょう。また、「社会的に価値のある職業に従事しているという実感」、「自分・自分の能力が教育実践のなかに発揮できている実感」も、かなり薄らいでくるのではないでしょうか。

③「勤務条件の変化」は、「労働待遇への満足感」を低下させると思います。

つまり、三つの大きな変化はその一つ一つが、教師の「学校ストレス」と「教職のやりがい感」の各領域にストレートにマイナスの影響を与えます。そして、三つの大きな変化が同時に起こるということは、「学校ストレス」の六つの領域すべてに、四つのすべての「教職のやりがい感」に、マイナスの影響を与える可能性がきわめて高いのです。

こうなると、教職は魅力のある仕事なのだということが、当の教師には、見えなくなってくるのではないでしょうか。

このようななかで、教師の「学校ストレス」は増大し、かつ、「教職のやりがい感」も著しく低下しているのが、現在の教育現場の実態なのです。

「教育実践環境の変化」「期待される教育内容・活動の変化」「勤務条件の変化」の三つの変化が同時に、急激に起こった東京で、教師が厳しい状況にいるという実態も、このような変化の影響をつぶさに見てくると、当然に思えてきます。

詳細は、第2章の事例のなかに、具体的に見ることができます。

第3節　今、とてもつらい教師とは

学校現場における三つの変化の要因が、多くの教師たちの「学校ストレス」を増加させ、「教職のやりがい感」を低下させている現状が顕著に見られます。

そのなかで特につらい状況に陥っている教師像が、具体的に浮かび上がってきます。まず何といっても、「教育実践環境の変化」「期待される教育内容・活動の変化」「勤務条件の変化」のそれぞれに対応・適応できない教師です。当然、三つの要因で対応・適応できない部分が多い、対応・適応するための壁が高い、という教師ほど苦しいわけです。

対応・適応できないというのは、能力的な面と心理的な面の両面が背景にあります。もちろん二つの側面は相互に影響を与え合うわけです。

「学校ストレス」の特徴は、一つの領域の過剰なストレスが、他の領域のストレスを誘発するのです。

大きく考えると、教師が感じる「学校ストレス」は、①学校環境に生起する人間関係、②仕事に取り組む状況と成果、の二つに整理され、この二つが相互に関連しあっていくことがわかります。

つまり、この二つの要因が同時に悪化すると、教師は孤立無援のなかで大きな問題につぶされていってしまうのです。よって、今とてもつらくなっている教師は、「教育実践環境の変化」「期待される教育内容・活動の変化」「勤務条件の変化」にうまく対応できず、①仕事に取り組む状況と成果に厳しさを抱え、かつ同時に、②学校環境に生起する人間関係にも悩んでいる教師なのです。

本人は問題を解決に導くのに、どこから手をつけていけばいいのか、冷静に考える余裕もなくなり、サポートがないなかで、他者からの目先の指摘や非難に、その場しのぎの対応を繰り返すことになります。

必死になって努力しているのですが、具体的な対策が、先々の見通しを持った一貫した対応になることが少なく、その場しのぎにすぎないので、問題解決につながらないことが多いのです。

こうしている間に、問題は内部の要因が悪影響を与えあい、さらに悪化するという、悪循環に落ち込んでいき、にっちもさっちもいかなくなります。

ただ、これらの問題は、特定の著しく能力面に問題のある教師、性格や心理面に難がある一部の教師の、〈特殊な問題〉として片づけてはならないのです。定年を待たずして中途退職している教師たちが年間千人以上いるという実態は、特殊な一部の教師の問題であろうはずがありません。

☆孤立していく若手教師

職場に同じ世代の話の合う仲間の少ない若手教師が、まず挙げられます。

昨今の学校現場は教師の平均年齢が四十歳位になり、若手教師の比率がとても少ないという現状があります。教員の年齢構成も逆ピラミッド型で、若い教師は一つ一つの学校のなかで、きわめて少数派という状態になっています。

そういうなかで現在の学校現場の状況は、経験の少ない若い教師にはとても難しいものがあります。児童・生徒たちとの対応は言うに及ばず、保護者との関わりがとても難しくなっています。地域や保護者のなかには、かつてのように若い先生を応援しよう、という雰囲気が減っています。

一人前の教師として、わが子の教育をしっかりやってもらいたい、そのためには要求や指摘は遠慮なくするという感じです。保護者にしてみれば相手が若いということで、要求や指摘がしやすいという面があり、かつ、経験が少ないので大丈夫なのだろうかという懸念もあり、保護者からのクレームはとても厳しいものがあります（第2章第5節も参照してください）。

そして、いろいろな問題に悩んでも気楽に相談できる相手もおらず、とても厳しい状況になってしまうのです。相談したい中堅・ベテラン教師も、自分のことで手一杯という現状もあるからです。

若手教師の問題は深刻です。この内容に関心の高い方は、拙著『教師力』下巻（誠信書房）、『若い教師の悩みに答える本』（学陽書房）をぜひ一読してみてください。

☆中堅・ベテラン教師の厳しさ

今の学校現場で最も厳しい状態なのは、中堅・ベテランの先生方だと思います。中途退職している教師は圧倒的に中堅・ベテラン教師が多いのですから。では、なぜ中堅・ベテラン教師が厳しい状態に置かれるようになってしまったのでしょうか。

中堅・ベテラン教師とは、教職経験も二十年を超えてくるような、四十代、五十代の先生方です。かつて、中堅・ベテラン教師は学校の中心として、若い教師たちの「教師」としてのモデルとして敬意を表され、教育実践の手本とされることが多かったと思います。保護者のほうも、わが子が中堅・ベテランの先生に担任されると、安心したのではないでしょうか。

しかし、次のような批判を、教育委員会の方々、相談室に面接にくる生徒の保護者の方々からしばしば聞くようになったのは、いつ頃からでしょうか。


「学級経営、授業がうまくいかないのは、中堅・ベテラン教師に多い」

「中堅・ベテラン教師は、大きく変化した現在の子どもたちの心を、理解するのが難しくなっている」

「学校内で人数の多いベテラン教師のやる気のなさが、教師全体のやる気を低下させている」


私は文部科学省が、「すべての子どもが不登校になる可能性をもっている」、と不登校の捉え方を大きく転換してきた一九九一年くらいから、中堅・ベテラン教師が厳しい状態に、徐々に置かれるようになってきたのではないかと思います。

この文部科学省の指摘は、「現在の子どもたちは、〈対人関係を形成・維持する力〉〈集団生活に適応する力〉が、以前の子どもたちよりも大きく低下しているんだ、それを前提に児童・生徒に新たな対応をする必要がある」というメッセージを、含んでいます。

中堅・ベテラン教師は、一九七〇、八〇年代初めに採用になり、一九九〇年代までに十年以上の教職経験を積んだ教師たちです。一九九〇年代までに教師としての試行錯誤、伸び盛りを経て、自分なりの教師像、やり方を確立した方々です。

自分なりの教師像、指導行動のパターンを確立した後に、大きな変化の波が押し寄せてきたのです。

教育現場のイメージとしては、高度経済成長期の一九七〇、八〇年代の「集団的・一斉指導・画一的・競争的」な指導から、バブル経済がはじけた一九九〇年代以降の「個性尊重・個に応じた対応」の支援への変化でしょうか。

つまり、中堅・ベテラン教師は、この子どもたちの大きな変化の流れと、それに応じるための期待される指導行動の変化に、最も大きく直面し、新たに対応することが難しかったのでしょう。前後の変化の落差を、最も大きく感じた先生方だと思います。

新たに対応することの難しさの要因として私は、指導力の面とともに、心理的な面により注目したいです。中堅・ベテラン教師の能力が、若い世代の教師よりも劣るとは思えませんから。さらに、各大学の教員養成課程でも、各教育委員会の教員研修でも、一九九〇年代から養成内容・研修内容を一気に変化させたとは思えないからです。

子どもたちに大きな変化が起こっていることは、長いあいだ教育現場にいた中堅・ベテラン教師のほうが、いち早く気づけたと思います。

しかし、なぜ、率先して対応しなかったのでしょうか。

なぜ、速やかに対応できなかったのでしょうか。

そこに中堅・ベテラン教師たちの、心理的な問題があったのだと思います。

この心理的な問題の存在は、これからの教師たちの多くが遭遇する問題だと思います。すべての教師たちが遭遇する、自分自身の問題、「成人期中期の発達の問題」があると思うのです。

つまり、教師としての問題の背景に、それを捉える一人の人間としての発達の問題があるのです。その発達の問題に向き合うことなくして、この問題の真の理解は難しいと思います。

この問題を次章から掘り下げていきたいと思います。

第2章では、大きな変化に悪戦苦闘している東京の先生方の事例をみてみたいと思います。

第3章では、各教師の今悩んでいることに焦点を当てるだけではなく、その先生方の教師として生きてきた経験も視野に入れながら、現在の変化にどう向き合い悩んでいるのかを考えてみます。

第4章では、現在直面している問題に対処するヒントを、小手先の技術論だけではなく、発達の問題から考えてみたいと思います。

②章

中堅・ベテラン教師が戸惑う三つの変化

本章では、「教育実践環境の変化」「期待される教育内容・活動の変化」「勤務条件の変化」の三つの変化が、急速に起こった東京の先生方に、現在の悩みや思いを率直に伺いました。時期としては、三つの変化がともに厳しくなってきた二〇〇〇年、すなわち平成十二年頃～十七年頃までの様子を中心にしました。特に、「勤務条件の変化」が実感として厳しくなってき始めたのがその頃だからです。

まず、第1節～第3節は、小学校、中学校、高校の女性の先生方の事例です。三人の先生は、実力のある先生です。その先生方に日常の勤務についてお聞きすることで、三つの変化が同時に、急激に起こったときの学校現場の状況を、より詳細にお伝えできると思います。

次に第4節で、すでに中途退職をした先生方に、退職を決意したいきさつをうかがったものを、差し支えのない範囲で紹介します。

最後に第5節で、事例が訴えるもの、事例から学ぶべきものを整理して解説したいと思います。

第1節　激動の年の始まり――今までの常識が覆されて

大河由紀子・仮名（中学校教諭　女性・三十八歳）

▽荒れた大規模校の生徒たちとの出会い

その年の四月に異動がありました。都内でも屈指の大規模校でした。理解していたつもりではいたのですが、こんなに生徒で苦労するとは思いませんでした。この学校での私は、二年生の担任、校内分掌は生活指導部で、生徒会担当でした。

まず、人事に驚きました。この学年は六クラスありましたが、一年の時から持ち上がっている担任はなんとたった一人なのです。五人もの先生が他校に異動をしたり、他学年に移っていたのです。そしてこの新しい五人の担任のうち、四人は私同様に他校から異動になった先生たちばかりだったのです。ひどい人事だと思いました。荒れている学年を、何も知らない人間に押しつける、そんな印象を受けました。私は、またもや管理職の先生への失望を隠せませんでした。学校ストレスとして、「管理職との関わり」を、また強く感じました。

何もわからないままのスタートでしたが、やる気はありました。しかしそれは、とにかくひどいの一言につきました。ここで「難しい生徒への対応」がストレスとしてのしかかってきて、生徒とうまくいかず、やめようと思った最初の壁でした。

まず、女性蔑視です。生徒は強い男の先生の前と、女の先生の前では態度が豹変するのです。男の先生の前では「はいはい」と言うことを聞くのに、女の先生の前では言いたい放題、言うことを聞かないどころか、全く反対のことをするのです。とにかく騒々しい、掃除は出来ない……。

一番驚いたのは給食の時間です。自分の分をもらうと、勝手に食べはじめるのです。周りがまだ準備をしているのに、です。配膳の最中は、配るほうも配られるほうも、つまみ食いは当たり前でした。壁や天井には生徒が遊んで投げた、キャベツの千切りやトマトのヘタがこびりついていて、毎日のように拭き掃除をしました。食器を片づける時など、わが目を疑いました。ご飯の食缶に生徒が食べた給食一式が入っていたのです。お盆、牛乳瓶、食器類、すべてです。また、飲み残したスープなどは戻さず、そのまま食器を重ねていくために、当然、器からは飲み残しのスープがあふれ出ます。ワゴンの周り、床はスープでベトベトでした。それに対して、生徒は無関心でした。

掃除について言えば、さようならの挨拶の二秒後には、教室の中には「誰も」いなくなってしまうので、とてもできる状態ではありませんでした。ですから、教室内は毎日ひどいものでした。チョークも置けません。置くと生徒が踏んで遊んで、床が細かく砕けたチョークのあとだらけになるのです。掲示物だって恐くて貼れません。びりびりに破かれるのは当たり前。画鋲がダーツになるのは日常茶飯事でした。床は捨てられたプリントで真っ白でした。学級委員クラスの生徒でも、ずっとその状態で学校生活を過ごしているため、それがおかしいことだとは思っていませんでした。感覚のずれをどう修復していったらいいのか、それが課題でした。

金八先生を見て、何度「嘘ばっかり」と思ったことか。あの程度で荒れた学校なんて冗談じゃない、そう思いました。きちんと並べられた机、ゴミの落ちていない床、きちんと貼られた掲示物、へこんでいないロッカー。発言するときはきちんと手を挙げ、聞くときは発言している人のほうを向き、しゃべらない。あの番組を見て、間違った知識でものを言う世間にも腹が立ちました。

私が今まで築き上げてきたものがガラガラと崩れていくのがわかりました。自分の常識を越えた毎日が繰り返されるのは苦痛でしかありませんでした。学校に行くのが嫌だと思ったことはこれが初めてでした。楽しかった授業も苦痛に代わりました。やりたいことが何一つとして出来ないのです。

まず、スタートが十五分遅れます。チャイムが鳴っても生徒が座っていないどころか、他のクラスの生徒がまじっていて、どこに誰がいるのかわからない状態でした。違うクラスの生徒を追い出し、そのクラスの生徒を呼び戻し、座らせて挨拶をさせる、そこまでで十五分かかるのです。挨拶だって、きちんと起立させるのが至難の業でした。教科書を出す、ノートを開くなど一つひとつの動作に時間がかかったり、初めからわからないといって、机の上に何も出そうとしない生徒が半分いました。

実際に学習環境がこんな感じなので、一年生の時に身に付けているべきものが全く身に付いていなくて、こちらの教案は最初から作り直しとなりました。生徒の罵声を聞くたびに、「大学を出て、企業に就職だってした私が、何でこんなガキに馬鹿にされなくちゃならないんだ!?」と、教師としてあるまじき考えを持ったこともありました。教師になって初めて出会った屈辱でした。

学校には何とか行けても、教室までの階段を上がるのが一苦労でした。またこの学校では、保護者の協力がないように感じました。対生徒ではなく、対保護者でストレスを感じたこともありました。授業、保護者。「主要な教育実践の不振」がストレスとして大きく私の前に立ちはだかりました。

この学校での生活指導の体制もストレスの一つでした。

「ダメなものはダメ、わがまま勝手な生徒についてはしかるべき機関で、きちんとした教育をしてもらい、当たり前のことを当たり前にやっている生徒に目を向けて、その生徒こそを伸ばすべきだ」という指導体制でした。カルチャーショックを受けた私には、正直言ってこの体制についていけませんでした。悪い生徒は見捨ててしまわれるようで……。

しかし、この大規模校で生徒を本当に守っていきたいと思うなら、こうしていかなければやっていけないんだ、と理解するのに時間はかかりませんでした。郷に入っては郷に従え、この言葉の意味を改めて感じました。同僚についての不満はありませんでしたが、慣れない自分、思ったような指導が出来ない自分に対してストレスを感じ、真剣に退職を考えました。こうして一年間が終わりました。

▽学級編成替え後の二年目

次の年のクラス替えが来ました。六クラスある学年なので、二年から引き続き持ち上がった生徒がクラス内に五人しかいませんでした。しかも、大規模校ゆえに、授業すら受けもっていなかった生徒が半分いて、また一からのスタートでした。

今度のクラスでも大変でした。相変わらずルールを守らない生徒はいるし、嘘だって平気でつきます。ちょっと注意すれば「俺ばっかり」とか「やったのは俺じゃねーよ」という始末です。声をかけられても手を離せなくて、「ちょっと待って」と言えばモノにあたる。会話にすらなりません。

ただ、前年度と違うところは、生徒のなかに味方がいたこと。これは一つの安心材料でした。そんな生徒たちと少しずつ上手くやっていけるようになったのは、受験に向けての面談を通してです。教育改革のなかで事務仕事や研究ばかりに時間を取られ、生徒と向かいあう時間が失われていたことに気づきました。そのことに気づいた私は、とにかく生徒一人ひとりと向き合う時間を多く取るようにしました。しかし、その時間を生み出すために、事務仕事は家でやるしかない状況でした。

▽どん底

毎日を過ごすことで精一杯だったのかも知れません。家庭生活においては、私も主人もずっと子どもが欲しいと思っていましたが、なかなか恵まれませんでした。私が夜中まで教材研究やら面談資料やらを作っていたり、休日に出勤するのを見て、主人が「仕事やめたら？」と真剣に言い始めました。次年度は仕事よりも家庭を優先させる、担任は持たない、という条件で仕事を続けることになりました。たしかに出産に対する年齢的なリミットが近づいているのは、十分わかっていました。

私としてはペースをだいぶ落としていたつもりでいました。しかし、主人の目にはそうは映らなかったようです。主人と私の父の折り合いが悪かったことも原因していたと思います。結局、今までの不満が爆発した形になって、私たちは離婚することになりました。

正直言ってどん底でした。子どもが欲しい、そのための年だったはずなのにどうしてこうなってしまったのだろう、今まで頑張ってきたことは何だったのだろうと、何もかもわからなくなりました。

教科や学級のことを勉強したり、研修に出るのは楽しいことでした。生徒とのやりとりが、毎日の生活の原動力でした。しかし、それらは私から家庭というものを奪う結果となりました。仕事を家庭に持ち込んでしまった私。教員という職業に就いていなかった主人は、私が夜遅くまで仕事をしたり夜中に保護者からの電話を受けたり、休日に出勤する意味が理解できなかったようです。残業手当が出るわけでもないのに、なんでそんなにがんばるの？ とよく聞かれました。

この仕事はある意味、ボランティア的な要素を含んでいると思います。必要最低限の仕事でお給料をもらうことも出来れば、自分のアイデアややる気次第で時間を無視してとことんやってしまうことも出来る。一般社会で働く主人には、理解できない部分があったのかも知れません。私も敢えて説明しませんでした。わかってくれているだろう、とタカを括っていたのです。

「仕事って何だろう？」と改めて何度も考えました。家庭を犠牲にしてまで頑張る必要のあるものなのでしょうか。何もかもが嫌になって、仕事はあくまで生きていくためのお金を得る手段なのだから、必要最低限にとどめて、後の時間は全部自分のために使おう。割り切ろう。そう決心しました。

校内以外の仕事はすべて断りました。何もしない自分でいたかったのです。そうして時間が少しずつ経っていくのに流されていたい今の私なのです。

第2節　学級経営の難しさと教育改革のなかで

相本恵子・仮名（小学校教諭　女性・四十九歳）

▽学級崩壊を経験したクラスを担任し、教師としての転機を迎える

私が二年生を担任していたときに、五年生の一クラスが荒れ始め、担任の先生が休職しました。そこで私がそのクラスの六年生の担任になることになりました。

覚悟はしていたものの学級崩壊をしたクラスの状態は想像を超えていました。騒然とした三十七人の学級のなかで、新参者は自分一人、授業をしながらも孤独を感じました。言い知れぬ恐怖と圧迫感を感じ、息が詰まりそうでした。

「静かにしなさい」

「席につきなさい」

と声をふりしぼり、勝手し放題の子どもたちに注意をしていると、

「早くしてよ」

「なにやってんだよ」

と、今まで静かにしていた子どもたちも騒ぎ始める始末です。教室が地下鉄の騒音の中にあるような

状態です。

授業など、とても人に見せられるような状態ではありません。内容を説明しているのか、注意をしているのかわからない事態なのです。ワーとしてくると、集団ヒステリーのような様相を呈してきて、そのなかで想像を超えるような行動をする子どもが続出してくるのです。

日々、子どもたちのトラブルの後を追いかけ回しているようでした。

二十分休みに疲れ果てて、職員室に逃げ帰る私がいました。

……(これ以上は苦しくて話せません)……。

この一年間は、とても苦しい一年でした。

しかし、初めて学級の状態を分析し、少しずつでも理想的な集団の状態に修正しようと、作戦を立てて取り組んだ中身の濃い日々だったような気がします(たくさん研修しました)。

振り返ると、今までは学級を経営するという意識が薄かったと思います。子どもたちの個別の問題に応じていても、全体との関係を考えたり、集団の状態に合わせて作戦を練ったりすることはほとんどありませんでした。

通常の学校行事や学年行事、学習内容を、普通にやってきただけのような気がします。私は今まで、子どもたちを着席させて、静かに話を聞ける態勢を作って、学級の子どもたち全体に対して話しかける、という一斉指導の方法で授業を行なうというような学級経営をやってきました。このやり方がほとんど通用しないのです。

在籍する一人一人の子どもたらだけではなく、集団のエネルギーを考慮しないと、一歩も進みませんでした。学級経営の言葉の意味、難しさをかみしめました。

▽管理職のリーダーシップに納得できない日々

本校は毎年のように研究発表をしている学校です。

入学式当初から怒濤のように学校行事が続き、あまりのめまぐるしさに驚くくらいです。放課後は、会議の連続で、子どもたちとゆっくり会話をする余裕もありません。今思うと、毎日、目を三角にしながら、寄ってくる子を、

「早く帰りなさい」

と追い返していたような気がします。

また、今までは、管理職と職員の意見が対立することはあっても、同僚同士の対立はほとんどありませんでした。しかし、ここの学校は違います。積極的に校長の意見を通そうとするグループ、本心は違うが反対できないグループ、内容によってはきちんと反対意見を言うグループに分かれていました。どう考えても理不尽だ、実態に合わないと思うことでも、

「校長先生がおっしゃっているのだから」

とむりやり通そうとすることに、どうにも納得がいきませんでした。

職員会議は形だけの出来レースで、

「決定するのは校長先生ですから」の一言ですべてが決まるシステムのなかでの生活は、自分の教師としての誇りを傷つけられ、息が詰まるような日々でした。

ただ、他の区にいる教員をしている友人たちと研修会などで会ったときに話を聞くと、どこの学校も多かれ少なかれ、この学校のような校長のリーダーシップが強く見られるようになり、教師管理体制が強まっているとのことです。

▽やりがいを感じられなくなっていく日々

六年生を卒業させた後、しばらくは抜け殻のような気がしました。

しかし、そんな思いも吹き飛ぶくらい、その年は激動の年でした。

まず、学校五日制の実施でした。

「教師が楽をするための制度」などという陰口を聞くと、腹が立ちました。六時限まで授業がある日が増え、放課後は会議に追われ、結果として残業や休日出勤が増えました。

教材研究どころか急激に増えた事務処理をこなすだけでも、平日の残業では終わりません。教員は残業手当がないので、給料は変わりません。この事実を世間の人はほとんど知らず、土日にゆっくり休んで楽をしているように勘違いしています。

次に、「総合的な学習の時間」の本格実施です。ねらいを達成するには、用意周到な準備が必要で、実際には、なかなかその時間が取れません。教科の配当時間も減らされ、そのやりくりと端数のでる時数計算に四苦八苦する日々です。たとえば、高学年になると、行事のたびに体育館の会場準備や片づけがあります。これをいったいどの教科のどの領域にカウントするかと、苦労しているのが現場なのです。時数配当がいかに現実に合っていないかということを感じている教師は多いのではないでしょうか。

教科の配当時間の削減に伴って起こった学力低下に対する危機感も、教師にとっての逆風になっているような気がします。その原因として制度的な問題や家庭・社会の変化が挙げられてはいても、解決の方法となると、教師の資質向上や努力にだけ目が行っていると感じるのは、教師のひがみでしょうか。

こんな現状を報告し、制度を改革していくのは、校長を始めとした管理職の役目だと思っていました。しかし、「特色ある学校づくり」が叫ばれる一方で、同一歩調を要求され、現場の声を代弁するのが難しくなってきているような気がします。さらに、

「キャリアプラン」

「学校評議委員制度」

と、立て続けに新しい制度が導入されました。上のほうにはそれなりの考えがあるのでしょうが、現場の私たちにしてみれば、あまり教育実践の充実に関係のない書類書きと会議に時間をとられてしま

うのか、というむなしさがあります。

年々細かく厳しくなる教育課程の届け出なども含めて、ここ数年で事務的な仕事が劇的に増えています。私たちはそれに大きな時間をとられ、さらにそれらを提出する仕事は期日が厳しいので、他の仕事よりも優先しなければならないのです。ここ数年、私たちは書類書きに追いまくられています。

それにともない、教材研究や子どもたちとのふれあいなど、今まで私が教育の中核、教師の仕事の中心と考え、この職業を選んだ理由、やりがいでもあったものにかける時間は、格段に少なくなっています。それは結果的に、子どもたちへの支援の不足、学力低下に拍車をかけることになります。だからといって夜遅くや休日に残業して子どもの教育に尽くすのが熱意のある教師と、そこを評価の基準にされたのでは身が持ちません。ただ、教師のサービス残業を当然視するような雰囲気が、管理職、保護者の間に急速に広がっているのを、ひしひしと感じています。教師のやりがいと時間の制約との狭間で、疲れ切っている自分がいました。

この頃、よく仲間と話したのは、軽蔑していたK先生のような生き方がいいのかもしれないということでした。自分の理想の教育を実現しようとがんばって健康を害しても、生活の面倒を見てもらえるわけでもありません。がんばって、認められて重要な仕事を任されても、失敗したら評価に響きます。過大な期待もされず、そこそこ仕事をして、そこそこやって給料をもらって、定年まで勤め上げるほうが利口ではないかということです。

料金受取人払郵便

小石川支店承認

5361

差出有効期間
平成21年12月
10日まで

（期間以降は
切手をお貼り
ください。）

郵便はがき

112-8790

（受取人）

東京都文京区大塚3－20－6

㈱ 誠信書房 行

電話 03-3946-5666／FAX.03-3945-8880

http://www.seishinshobo.co.jp/

●ご購入ありがとうございます。今後の企画の資料にさせていただきますので、
ご記入の上、ご投函ください。

フリガナ		男・女
ご氏名		歳
ご住所	〒□□□-□□□□	
電話	（　　　　）	
職業または学校名		

新刊案内（無料）	a. 現在送付を受けている（継続希望） b. 新規希望　　c. 不要	総合図書目録（無料）	a. 希望 b. 不要

＊ご記入いただきました個人情報につきましては、小社からの案内以外の用途には使用致しません。

●愛読者カード

書　名（お買い上げの本のタイトル）

1　本書を何でお知りになりましたか

①書店の店頭で（　　　　　　　　　　書店）

②新聞・雑誌広告（紙・誌名　　　　　　　）

③書評・紹介（紙・誌名　　　　　　　）

④小社の新刊案内・ホームページ・図書目録

⑤人にすすめられて　⑥その他（　　　　　）

2　定期購読新聞・雑誌をお教え下さい（いくつでも）

- 新聞（朝日・読売・毎日・日経・産経・その他）
- 週刊誌（　　　　　）　•月刊誌（　　　　　）

3　本書に対するご意見をお聞かせ下さい

1. 装丁について	良い	普通	悪い
2. 価格について	安い	普通	高い
3. 内容について	良い	普通	悪い

4　本書についてのご感想や小社へのご希望などをお聞かせ下さい

実際、六年生の学年主任として大変な子を何人も集めて面倒を見、さらに生活指導もかねていた友人が、三月に入ったとたん突然、学校へ行けなくなってしまいました。彼女はいつもきりっとしてがんばっていたので、精神的にも肉体的にも疲れ果てていたことに、全く気がつきませんでした。思わず自分の明日を、見てしまったような気がしました。

▽不安が募り、退職への思いに揺れる日々

五校目の学校に転勤しました。

これまでの区と似た環境のC区にあり、徒歩とバスで自宅から一時間半かけて通っています。管理職以外の教員の年齢構成は、五十代が七人、四十代が私を含めて三人、三十代が一人、二十代が四人で、圧倒的に中高年社会でした。しかし、前任校のK先生のように楽をしようという人は見あたらず、校務分掌を決めるときには、老いも若きも率先して責任ある仕事に名乗りをあげていました。

私は新採用の先生といっしょに三年生を担任することになりました。新採用者と私では人に聞かなければ分からないことが多く疲れましたが、仲間がいつも気を利かせてくれました。

校長も教頭もユーモアがあり、区のさまざまな方針に対しても、建前だけでなく本音を聞かせてくれる人間的なところがある人でした。おかしい、現場のことを分かっていないと思いながらも、やらなければならないことが多い状況では、校長が血の通った人間であると感じることができるのは救い

でした。たくさんの行事で休日出勤が続いても、前ほどやらされているという感じがしませんでした。

今、私は、幸運にも管理職や同僚に恵まれていますが、いつ、どうなるかわかりません。何かのきっかけで歯車が狂い学級崩壊をしたら、自分自身が壊れたら、保護者とうまくいかなかったらと考えると不安でたまりません。今後、加齢にともない体力はどんどん落ちていきます。子どもたちや保護者との、年齢差にともなう考え方のギャップも広がっていきます。

パソコン教育や英語など、今までにない新しい教育内容も導入されています。管理職だけでなく、地域や保護者に評価されている私たちにとって、今のように時間的にも精神的にもゆとりのないなかで、教師を続けることは本当につらいことだと感じています。

理想や夢を持ち、自分が努力さえすれば道が開けると思っていた教師になる前の自分が、今はとても遠く思われ、情けない気持ちでいっぱいです。正直、辞められたらどんなにホッとするかと思います。

しかし、経済的なことを考えるとやはり続けるしかありません。こんな自分を軽蔑しつつ、やりがいを感じながら教師をするにはどんな方法があるのかと、探しているところです。

第3節　生徒への対応の難しさと教育改革のなかで

千田幸子・仮名（高校教諭　女性・三十九歳）

▽教育困難校で新たな出発

東京都だけではないかもしれませんが、高校はいわゆる偏差値でランクづけされているため、進学校から教育困難校（底辺校などとも言われている）までレベル分けされています。現在はグループ制もなくなり、自由に東京都内の高校を選べるようになりましたが、今までは、進学校にはその地域の優秀な生徒が集まり、反対に教育困難校にはその地域の成績で一や二の生徒が集まってきました。

教師の異動も、進学校ばかりを異動する教師や、その反対に教育困難校の普通科底辺校や定時制ばかりを異動する教師もいて、それぞれに壁がある感じでした。要するに、教育困難校を希望する教師がいないから、教育困難校の教師はなかなか異動できないのです。

私はといえば、異動しなければならない時期がきて、普通高校への異動希望を出しましたが教育困難校しか異動できないだろうという予測通りに、その地域では一番底辺の全日制の高校への異動が決まったのでした。不安はありましたが、また新たな出発だと思ってやれることをやろうと思いました。しかし、茶髪やピアスをしている生徒、生徒の化粧の華々しさに最初は圧倒されました。

異動して二年目に担任を持ちました。七クラス一学年でのスタートでした。他にもさまざまな問題はありましたが、生徒の遅刻や早退、欠席の多さが、学校全体の一番の問題でした。高校は義務教育ではないので、規定の単位数を取らない限り卒業ができません。各教科の欠席時数が年間の規定時数を超えると、単位が取れなくなるばかりでなく、進級ができなくなります。毎日の遅刻者数も莫大であり、学校に目を向けさせるのは至難の業でした。

一日の仕事の中心は、進級が危ぶまれている生徒の、各教科の欠席時数を数えることでした。しかし、「あと一時間休んだら進級できないから頑張って」と、生徒に伝えても休んでしまう生徒も多く、夏休み前後に退学していく生徒がたくさんいました。ほぼどの学年も、入学当初二百四十人くらいだった生徒が、一年間で七十人くらい退学しました。卒業までたどり着けるのは百五十人程度でした。百人近くの生徒が、三年間で退学していたのでした。私の勤務した高校が特別なのではなく、教育困難校はどこもほとんど同じ状態だったと思います。

学校に目が向いていないので、授業を成立させるのも大変でした。授業への遅刻はもちろん、チャイムが鳴っても教室に入らずに廊下でたむろしている生徒、筆記用具も持たない生徒、ＣＤをヘッドフォンで聴いていたり、漫画を読んだり、化粧に夢中だったり、お菓子やガム、ジュースなどの飲食などもあり、一時間の授業にかけるエネルギーは大変なものでした。

小・中学校で嫌な思いをしている生徒が多いので、反抗的な生徒が多く、教師の言うことに耳を傾けさせるのは至難の業です。もちろん、そのなかにも真面目に取り組んでいる生徒もたくさんいます。しかし、そういう生徒たちにじっくり対応してあげられる余裕はほとんどありません。クラス全体に集団でのルールを教えることは、大変な苦労でした。

現在の非行傾向のある生徒の様子も昔とは異なっています。昔はグループのリーダーのような生徒がいて、そこを中心としてある程度まとまっていたようです。教師側からすれば、そのリーダーをわからせれば、ある程度集団の統制がとれたし、心の通じる生徒が多かったようです。しかし現在は大きな集団を作ることはなく、数人のグループがいくつも存在し、グループの構成メンバーも入れ替わりが激しく、グループ内の人間関係も安定していないという状態です。昔の生徒のような集団での強いつながりというのは薄れてきました。また、精神的にも幼く、大人の会話が成り立ちにくく、対応に困ってしまいました。

そんななかで、教師側の生活指導支持者と教育相談支持者との対立はありました。手に負えない男子生徒も多く、集団をまとめていくためには、強面の男性教師の存在は必要でした。しかし、力で抑えることの度が過ぎれば、怖い先生の前ではきちんとしているけれども、そうではない先生の前では全く言うことを聞かない、という生徒の悪い面を助長することになってしまいます。統制のつもりの指導が、力に従えばいい、力で暴れればよいという結果につながってしまうのです。

反対に、暴力や強制的な指導に絶対反対の教師たちは、駄目なことは絶対に認めないという態度がとれないと、教育相談という名の下の甘やかしになってしまいます。集団のルールを教師自身が徹底できないために、生徒はやりたい放題になってしまうこともありました。私は、前の学校時代からカウンセリングを学び始めていて、結局はどちらにも属することはありませんでした。生活指導支持者からは、カウンセリングなどといっても甘いと思われていたと思います。また、教育相談支持者の指導は、優しいだけの指導のように感じてしまい、教育観が違うと思っていました。私自身もルールの徹底とカウンセリング的な対応のバランスに悩み、きちんとできたとは到底言えませんが、生活指導支持者の指導は強制的過ぎると思っていましたし、教育相談支持者の指導は、甘やかしにしか見えなかったのです。どちらの指導も極端すぎて、お互いを批判していただけで、ほどよい歩み寄りやバランス感覚に欠けていたのだと思います。

以前は熱意のない教師が許せずにトラブルになることもありましたが、教育困難校の生徒を見て、疲れて熱意をなくしてしまう教師がいることに納得するようになりました。

学校ストレスとしては、「難しい児童・生徒への対応」が大きく、いつも悩んでいたような感じです。また、一見和気藹々とした学校でしたが、派閥のようなものもあり、大変な生徒は、男性が力で抑えないと駄目だみたいな空気もあり、「同僚教師との関わり」にもストレスを感じていました。

▽単位制・無学年制高校で、また新たな出発

同校の廃校が決まっていました。そして、現在の単位制・無学年制高校に異動が決まりました。

現任校は、今までの学校とはまたまた大きく違う学校です。単位制・無学年制の高校であるため、まるで大学のようなシステムです。大学のようにホームルーム担任はいますが、ホームルーム活動は

ありません。文化祭などの行事もやりたい生徒がやるだけで、参加しなくてもよいのです。

小・中学校の段階で、集団生活に疲れてしまった生徒が多く在籍している学校です。そのため、学級活動に縛られなかったり、集団での行動を要求されなかったりという学校のシステム自体が、その生徒にとっては居心地の良い環境にあるようです。一方では人間関係を築くのが苦手な生徒が多く在籍しているため、自分から友達を作ろうとしない限り友達が作れない、という状況もあります。

教育困難校では騒がしくて授業の成立が難しく、教室に生徒を入れるところから始まりました。うるさいなかでいかに落ち着かせて授業を行うかが課題でした。しかし、現任校は全く正反対でした。生徒同士が授業中におしゃべりをするということはほとんどありません。まれに騒がしいクラスもあるようですが、携帯電話が鳴って話し出すとか、他人に迷惑をかける生徒は少ないようです。

ですから、初めて授業をしたときは、あまりにも静まり返った状態に驚きました。授業ごとに生徒が教室を移動するため、生徒同士のつながりもほとんどありません。それぞれが好きなところに座り、黙って、どちらかといえば無反応とも感じられる状態で授業を受けていました。五年間も騒がしい状況での授業に慣れてしまっていた私は、無反応で静まり返った状態に耐えられないほどでした。黒板にチョークの音だけが響き、生徒に投げかけても、なかなか反応を得られなかったのでした。

内にこもるタイプで、心理面でのケアが必要な生徒がたくさん在籍しています。カウンセリングを少し学んだからといって簡単に対応できるわけはありませんが、この新しい世界で、また一から頑張っていこうとしているところです。

▽最近の心境

近年、教育行政の管理が強制的で嫌気がさしています。行政が強すぎて、権限を与えるという名目で管理強化されてはいますが、実際には校長にも権限がないのです。そのため、自分が損をしないように、そつなく行政の言うことに従おうという管理職が多すぎて、なかなか信頼できる管理職はいません。さらに、主幹制度ができて、ますます事務的な組織になりつつあります。

また、何でも起案で、提出書類の多さにもうんざりしています。そのような意味において、学校ストレスとして「管理職との関わり」や「気がすすまない仕事への取り組み」がかなりあります。

職場の雰囲気も和気藹々というよりは、個人主義的なクールな感じです。ある意味、全体での仕事さえきちんとやっていれば、人に干渉されずに自分の好きなことができます。また、職場の同僚との飲み会などもほとんどありませんが、それも普通の生活になりました。和気藹々の職場が普通だったので最初は不安でしたが、不思議なものでわりとすぐに慣れました。

最近の自分を振り返ると、新任の時からすべての教師に対して持っていた、「教師は熱意を持っているもの、生徒のことを第一に考えているもの」という理想は崩れました。いつまでも熱意を失わずに頑張っている教師もたくさんいますが、そうでない教師の存在に気づいたからです。しかし、今では、そのような教師を許せずに言い争うのではなく、どうしたらそのような教師とうまく関わっていけるのか、少しずつ考えようとしています。真っ向から言い争ってもプラスになることはあまりない、ということを学んだからかもしれません。

第4節　退職をした先生方の思い

☆特別支援がうまくいかず学級崩壊して

（元小学校教諭　女性・五十四歳）

私は新採用時の学校で特殊学級を担当し（免許はない）、その後、通常学級に移りました。この経歴からか、三十代頃から特別な支援が必要な子どもの担任をすることが当然のようになっていました。四校目からは同じ区内を移動していたので、どこの学校に行っても、私はその領域の専門家扱いをうけ、特別な支援が必要な子どもたちをもっぱら担任していました。学級編成では、学年の子どもたちを数クラスに均等に配分し、その分配から外れていた特別支援が必要な子どもをプラスワンとして、私が担任する学級に所属させるという形でした。

当初（一九九〇年代半ばまで）は、特別支援が必要な子どもをプラスワンという形で学級に迎えても、学級経営は上手くいっており、私も余裕を持って特別支援が必要な子どもに対応ができていました。そのとき、他の子どもたちは静かに与えられた課題に自分たちで取り組んでいたのです。

それが九〇年末にそのような対応が全くうまくいかず、五年生の学級を崩壊させてしまったのです。まず、特別支援が必要な子ども、A君のすごさです。

A君を一人にすることができず、多動で衝動的に動き回り、周りの子どもたちにとても攻撃的な姿勢を示すのです。学校にいる間は、ずっと私が張り付いていなければならない状態でした（朝の職員朝会もほとんど出られない始末です）。そして、同僚はみんなそれぞれの学級が大変だという理由で、私を物理的にサポートしてくれる体制もなかったのです。

さらに、私がA君の対応をしているとき、一部の子どもたちは与えられた課題に取り組まず、騒いだり遊んだりしてしまったのです。それを注意すると、Aが勝手なことをしても怒らないのに、何で俺たちのときは怒るんだと開き直る始末です。他の子どもたちも、そういう一部の子どもたちをおもしろがって、彼らを注意するどころか、一緒になって騒ぐ子どもが徐々に増えていきました。

道徳の時間などにこの問題について、話を聞かせたりしたのですが、子どもたちの間に芽生えた私への不信感はどんどん広がり、私の指導に対する反抗的な態度が増えていき、授業も騒然としたものになってしまいました。そういうなかで、A君の情緒も不安定になり、パニックや他の子どもたちとのトラブルも激増していったのです。そうして学級は一気に崩壊していきました。

私はA君の個別対応や、私に反抗的な子どもたちの対応に追われ、まじめにやっている子どもたちに声をかけてあげる余裕もない状態でした。保護者からの苦情が校長室に殺到し、管理職と共に緊急保護者会を何回も開き、途中教頭先生にチームティーチングで学級に入ってもらい、何とか三月を迎えました。私はダメな教師という噂を保護者たちからもらい、次の年、逃げるように異動しました。

心機一転して赴任した次の学校でも、似たようなことが続きました。

私の今までの特別の対応、学級経営のやり方が全く通用しないのです。一生懸命やってもやっても、空回りしているようで、かえって悪化していきました。

このような状態の背景には、単に子どもたちの問題だけではないものがあります。特別支援を必要とする子どもの保護者が、わが子の障害を全く受け入れず、普通の子どもなので普通の子どもとして対応して欲しいと強硬に要望してくることが多いのです。ですが、保護者会や学校行事には全く参加してくれず、学校でのA君の様子を見てくれません。もちろん、他の子どもの保護者との接点は全くありません。

しかし、保護者の強い要望のため、他の子どもたちにはA君の障害のことには少しも言及せず、みんなと同じ友達だよと説明しています。ただ、「同じ仲間なのに何故みんなと同じように授業を受けないのか」「A君だけ勝手なことをしても怒られないのか」「理由もなく嫌なことをしてくる」と、学級の子どもたちから私に訴えてくる苦情は殺到し、それに対する私の説明にもどうも納得できない状況が生まれてしまうのです。

さらに、他の保護者の要求にも激しいものがあります。こういう状態が続くと、すぐ抗議してくる保護者集団がいて、緊急保護者会で状況を説明することになります。A君についての苦情や、私や学校の体制に対する不信が噴出しました。①A君の自己中心的な行動で普通の学校生活が受けられない、落ち着いて授業が受けられない、②担任教師はA君に関わることが多く、他の子どもたちへの支援が充分なされていない、③A君は障害が疑われるのに、学校はそれに対して組織的に対応できているのか、等などです。

その攻撃のターゲットが担任教師なのです。こういう出来事はすぐに子どもたちに伝わり、子どもたちは担任教師を軽んじるようになり、どんどん教師の指導が入らなくなってしまいます。学級経営がますます難しくなってしまうのです。

その後、私はダメ教師のレッテルを貼られ、指導力不足教師の噂が広がってしまったその区を離れ、他区で少人数の学級の担当として、しばらく勤務していました。しかし、噂を知っている管理職、同僚たちの低い評価のなかで、学校のお荷物的存在の自分が情けなく、上の子どもが大学を卒業して社会人になったのを機会に、退職しました。今もそのときのことを思い出すと、とても辛いです。


最後に、行政は保護者や地域社会に対して学校教育のサービスの充実を盛んに謳うようになりました。そして学校現場には、しっかり結果を出すようにどんどん求めてきます。

しかし、理想ばかりを言うのですが、そのための予算や人員の補充などは一切なされておらず、学校もそのためのシステムが整備されておらず、お寒い限りです。そのなかでそのひずみに泣くのは、その部分を担当させられた一部の教師たちなのだと思います。

☆教師の仕事に自分をかけることができないと思ったとき

（元高校教諭　男性・五十三歳）

私が中途退職した直接の理由は、不本意な異動の通告を受けたからです。ただ、それはきっかけにすぎず、それ以前の五年間で、この日がいずれくることは、漠然と感じていました。

私はいわゆる底辺高校や定時制高校にずっと勤務してきました。生徒たちの実態の悪化は、年々深刻化しています。その内容は、厳しすぎて、悲しすぎて、改めて書くまでもないと思います。殴られたこと、人格を否定されるような暴言を吐かれたことなどは珍しくもないからです。

教育の限界はずっと前から感じていました。

このような学校に来る生徒たちは、個人の問題だけではなく、その背景に個人ではどうにもならない家族の問題を抱えているからです。生活保護やその日暮らしの生活をしている保護者の子が多いのです。いずれ親のようになるのだろうなと、そばで見ていて妙に納得するとき、私たち教師のできることは何なんだろうと、絶望感に襲われます。

こういうなかで、しかし私は教職を単なるお金のためと割り切ることなく、二十五年間やってきました。それは、私もそういう階層の家庭で育ち、紆余曲折して現在があるからです。大学も夜間部出身ですし、最初から学校現場では出世しようと考えたこともなく、ただ、自分の存在、生き方を生かせる場がそこにあると思えたからです。

したがって、ずっと管理職、教育委員会に媚びることもなく、自分のやりたいことをやってきました。

授業も指定の教科書など使用せず（使用しようにも生徒たちはわからない、持ってこない）、独自プリントを活用していました。私のようなタイプの教師は少なくなく、どのような職場でも数人の気の合う連中と仲良くなって、学校現場は厳しくとも、結構充実して働いていました。

このような状況が大きく変わってきたのは、五年くらい前からです。

教育委員会の学校現場への締め付け、その結果の教師管理がとても厳しくなってきたのです。日々の出勤退勤などの服務規定に対するチェック、さまざまな教育改革にともなう形をつくろうために提出させられる書類の多さ、教育活動に対する管理、思想の統制、教員研修への締め付けです。

出退勤のチェックは杓子定規なのです。私たちは朝の部活指導や放課後のボランティア残業が当たり前なのに、その時点でのチェックに融通がないのです。出張の途中で、研究会の打ち合わせで近くの学校に寄ることなども難しくなりました。

さまざまな実践活動をする際の書類の提出、教師評価を受けるための書類の提出など、その量と提出期限の短さで、他の仕事よりも優先しなければならないことがしばしばです。そして、チェックされるのも事務的な書き方についてのことが多いのです。本末転倒なのです。

教育活動にも生徒からの評価が入り、内容の統制にも管理が厳しくなりました。

卒業式における参加態度の強制、そして処分は、多くのマスコミに取り上げられた問題です。深くは語りませんが、常に形や形式だけが問われることに、むなしさを感じます。

教員研修も教育委員会が定めたものに限定されるようになりました。私のように教育相談に力を入れている教師にも、何度参加願いを提出しても、そういう研修に許可が下りなくなりました。

上から言われる指示も、現場の実態からかけ離れ、社会に対して対面をつくろうような机上の理想論が多いのです。教育改革案が出ても予算や人員補充が充分になされるわけでもなく、改革のための具体的な方法も乏しく、結果として現場が混乱するだけで、全く教育の向上に結びついていない感じです。

管理職に改革の指示について質問しても、

「私も充分納得しているわけではないが、教育委員会から強く言われているので、そこをなんとか……」という具合です。

振り上げたこぶしを下ろすこともできません。このような実態なので、確実に形を伴って行われるのは、教師の服務管理と思想の統制（卒業式での態度など）です。そしてその方法が、教師評価制度です。低い評価を受けると、教師は勤務校の異動、仕事・研修内容、給与などにさまざまなマイナスの影響を受けます。

このようななかで教師集団もバラバラです。一部の上を向いている教師たちと、一部の厳しい状況に置かれ始めた教師たち（指導力不足などと判定され、強制研修させられる者）、そして大多数の疲弊していくだけの教師たちです。これらの大多数の教師は教育実践への熱意が低下し、言われたことだけやればいいじゃないかと、教師としての使命を割り切ってしまうことで、何とか教師を続けていこうとしているのです。

教師集団のつながりがどんどん薄れていきました。教師の強い連携で何とかやってきた教育困難校は、まさにがたがたです。職場に強い疲弊感と、何をやってもダメさという諦めが漂っています。

このような教師の状態で一番悪影響がでるのは誰か、それはまぎれもなく生徒です。教師に余裕がなくなると、生徒の細かな変化にも目が行き届かなくなります。対応が事務的になり、生徒の心に添うことが難しくなっていくのです。逸脱行動を見て、頭から叱りつけてしまうような対応が増えてしまうのです。

私も学校改革のプロジェクトを担当しているときに、ずっと支えてきた生徒の細かなサインを見逃し、その子は心を閉ざし、そして中退してしまったという経験をしました。自分が情けなかったです。この仕事をしていて一番大事にしなくてはならないことを二の次にして、何が学校改革だと自分を責めました。

地域の評価を高めるために行う服装チェックの強化が、わが校の生徒たちの発達にどのような効果があるのだろうか。他の高校と形だけでも同じにしようとする改革が、教育困難校の生徒たちに何をもたらすのだろうか。私は次々と短期間で入れ替わる校長に、本校の実情と本校の生徒たちに合った対応をするために、きっちり教育委員会とかけあってほしいとよく直談判しました。組合の役員という役割もあり、職場の同僚たちの総意を受けての交渉でした。

しかし、結果は空しく、校長はのらりくらりとかわし、結果として私は通勤が非常に困難な教育困難校に強制異動させられることになりました。

そのような仕打ちに強い憤りを感じましたが、一番つらかったのは、同僚たちの態度でした。それまで同僚に問題が発生すると、私が代弁者としていろいろと管理職とかけ合ってきたのですが、今回の私の件では、誰も声をあげてくれなかったのです。自分がとばっちりを受けるのが怖かったのでしょう。

このとき、私の人生をかける場所は、もうここにはないと思ったのです。教師という仕事に未練はありましたが、その仕事を満足がいくように取り組める環境はすでにないと思いました。中途退職を決めました。

退職届を管理職に持っていくと、一言も引き止められることもなく、退職の手続きをスムーズに進められるように事務員としっかり打ち合わせてくださいと、事務的に伝えられただけでした。本当にあっさり、中途退職しました。あっさりしすぎて、涙もでませんでした。

大学生の息子と酒を飲むようになりました。

私の酒に息子が付き合ってくれたのかもしれません。「父さんが仕事をやめたらどうする」と息子に聞くと、「俺もバイトをしっかりやるから平気さ、やっぱり自分が納得できる生き方ができないと寂しいよ」と、意外とあっさり賛成してくれました。

区役所に勤めている妻も、「私も働いているからなんとかなるわよ」と、同じように認めてくれました。ここ数年、私がつまらなそうにしていたのを、妻も息子も気がついていたのかもしれません。

現在、大学時代の友人の紹介で、厚生労働省関連のニート・フリーター対策の施設で、相談員みたいなことをしながら働いています。もちろん非常勤です。

フリーターのおやじがフリーターの青年の相談をしていることが、とてもおかしいです。

ここ数年の教師時代、こんなにゆっくり生徒と向かい合うことがあっただろうかと、ふっと寂しく笑える今日この頃です。

☆自分の仕事の意味が見えなくなったとき

（元中学校教諭　男性・四十八歳）

二十年間、私は社会の教師というよりも、バレー部の顧問、生徒指導教師一筋で、毎日やってきました。

中学校の部活動は単なる特別活動ではなく、生徒指導の裏支えになっているのです。難しい反抗的な生徒も、長時間の毎日の部活動での関わりのなかで、少しずつ変わっていくものなのです。さらに、試合などの応援を通して、保護者の方々との具体的な接点ともなり、学校と保護者とのつながりの橋渡しにもなってきたのです。

したがって、中学校は、このような体育系の部活動の担当教師による休日返上のボランティア活動によって、実質的にずっと支えられてきました。私たちのような体育系の部活動の担当教師が、ある意味主要な役割を担ってきたのです。

私たちの世代は、採用された時期が第三次少年非行のピークの時期でしたから、教師になった時点から、嵐のような日々でした。そのようななかで、私は、生徒たちから鍛えられてきました。

カウンセラーをきどったような教師たちが、個人的なパフォーマンスをしたとしても、その成果は私たちの日々の活動があってこそ成り立っているのです。彼らは反抗的な生徒たちには、てんで歯が立たないのですから。そういう生徒は私たちにまかせ、自分たちは対応しやすいごく一部の不適応傾向の生徒しか相手にしないのです。

私たち体育系の部活動の担当教師は、休みもほとんど返上し、教員研修に参加する時間もなく、ひたすら生徒たちと関わってきました。私はこのような中学校教師の実情に、かなりの大変さは感じていましたが、大きなやりがいも感じて、ずっとやってきました。

小学校教師の妻も、同じ教師の給与体系なのに何で私がそんなに働くのかと、家庭を顧みる時間のないことに文句を言っていました。が、十年もたつと、すっかりあきらめていました。

近年の生徒たちの変化、その背景にある保護者の変わり様は、このような中学校現場の実情を大きく動かしています。部活動に参加しなくなった生徒たち、部活動の重要性を理解していないか、自分の子どもだけが主役になって活動することを期待するだけの保護者がたいそう増えてきたのです。その結果、中学校の生徒指導基盤が大きく揺らいできているともいえます。

生徒たちは学校のルールを平気で破って自分勝手な行動を繰り返し、少し厳しくたしなめると、すぐ保護者が苦情を言いに来る始末です。

さらに、八十年代の荒れの時期を知らない教師、荒れの対応に中心となって携わってこなかった教師たちが、生徒の個性、カウンセリング・マインドなどの理屈を振り回し、しっかりした指導をしないというのも、近年の現状に拍車をかけています。このような状況が、教師集団の連携にひびを入れているのです。

生徒たちはますます幼児化し、学校現場も一致した規律のある指導ができないなかで、生徒たちをしっかり育て上げることができなくなっていると思います。なんだかんだ言っても、一つのことを集団活動のなかで目指し、努力して自分の目標を達成するというプロセスを通して、生徒たちは心身ともに大きく成長するのです。そこには、ある程度の厳しさがあってしかるべきなのです。その効果は、生徒たちが成人したときに、はっきり自覚できると思います。

こういう私は古いのでしょうか。生徒たちは私のことを煙たがっているようです。バレー部の部員も一時期の半分になりました。練習日も週四日になりました。生徒も嫌がり、保護者も勉強ができなくなると抗議してくるからです。試合に出られないとわかると、すぐにやめてしまう生徒が増えました。したがって、部活動でも昔のような厳しい指導はできません。ここ五、六年はそのような傾向が特に顕著です。保護者のほうも試合を見に来ても、私に挨拶もしない方が少なくありません。保護者とのつながりが、急速に希薄になりました。

授業もすっかり時代遅れになってきたようです。パソコンもあまり使わず、冗談もあまり言わないのですから、生徒も近寄り難いのでしょう。高校生になった息子に聞くと、「最近の生徒は親父みたいなタイプはあわないよ」とあっさり言われています。

また、職場でも生徒に深く関わらないような教師が増えてきました。生徒がだらしない行動をしていても、きっちり指導しない教師を見ると、情けない気持ちで一杯になります。生徒との関係も、教育実践もスマートなのですが、どこか表面的で何かが足りないような気がするのです。変に大人なのです。職場の同僚と飲む機会も減りました。ただ、一緒にやってきた仲間も年をとり、管理職になったり、気力が萎えた者が多く、一緒に飲んでも愚痴ばかりで、寂しい限りです。

三年前に異動した学校で、私の時代は終わったのかなと寂しく思いました。生徒たちへの対応、同僚教師たちとの連携で、私と彼らの考え方のズレの大きさをつくづく思い知らされました。

生活習慣が乱れ、学校の規則にもルーズな生徒の指導で、私は中心となって対応していました。そんななかで、サッカー部の生徒たちが練習の後で下駄箱のところでたむろして騒いでいました。サッカー部の顧問の三十代の教師は、「早く帰れ」と言うだけで、きっちり指導をしていなかったので、彼らは徐々に増長していく有様でした。

その日の夕方、私が自分の教室から職員室に行こうとすると、いつものようにサッカー部が騒いでおり、一人の生徒に集団で悪ふざけをしていました。私は「何をしている」と駆けつけ、中心となっていた生徒たちを叱責しました。しかし、彼らは「別に」と居直り、周りの生徒たちもへらへらとしているのです。やられている生徒は制服を脱がされ、真っ赤になって興奮していました。

私は継続した集団のいじめだと判断したので、その場でしっかり対応しなければならないと判断し、生徒たちに生徒指導室に行くように命じました。しかし、生徒たちは言うことを聞かず、私に罵声を浴びせてくる始末なので、中心的な生徒の胸倉をつかんで部屋に引っ張り、他の生徒にも来いと命じました。

彼らは白を切り通し、ふてくされているので、私も怒鳴ることなく、彼らが語ってくれるのを黙って待っていました。そこに教頭が来て、「A先生、何をしているのです」「帰りが遅いので、塾に行くのが遅れると保護者から苦情が来ている」と言ってきました。

私は事情を話し、今しっかり指導をすることが必要なことを伝えたのですが、教頭は「もう遅いので、後日、しっかりサッカー部の顧問、生徒たちの担任に指導してもらう」ということで、生徒たちを帰してしまいました。

その後、いじめられていた生徒もそのことを隠すようになり、私の指導が強引で、体罰に近いという非難がサッカー部の保護者からあがりました。サッカー部の生徒たちは私に対して露骨に反抗するようになりました。その傾向が徐々に他の生徒たちにも広がっていきました。

あの事件のことはうやむやにもみ消され、私の指導に対する非難だけが一人歩きしたような感じです。管理職もあの事件のことは隠したい意向がありありとしていて、話題にすることも避けています。サッカー部の顧問は、私を露骨に無視するようになりました。私は誰にも弁明できず、まさに学校内で孤立した状態でした。

その影響は授業にも及び、どのクラスの生徒たちも私に嫌悪感を向けてきて、質問しても無視したり、数人がひそひそ話したり、注意するとふてくされたりという感じで、授業どころではありません。同僚もみなよそよそしく、陰で私に対する非難をしているのを、何回か垣間見てしまいました。

こんな状況のなかで校長から呼ばれて、三年たったのだから来年は異動し、心機一転やってみたらどうかと言われました。私の言い分はほとんど聞いてもらえず、今の状態は君にも辛いだろうが、学校運営、教育活動にも支障が出ているということを、淡々と事務的に言われました。やっかいものは出て行ってくれ、と言われているように感じました。私はやっと「少し考えさせてください」と言って、校長室を出ました。

その後、いろいろ考えました。自分の生き方、教師としての仕事の意味、などなど。若い頃からの教師仲間、お世話になった先輩にも久しぶりに会って、いろいろ相談させてもらいました。

そういうことがしばらく続いた後の、飲み屋で昔の仲間と飲んで別れた後の帰り道、私は自分の本心を受け入れることができました。私は周りから否定されて異動することに悩んでいるのではなく、教師という仕事をこのまま続けていくかどうかに悩んでいたのです。そして、自分なりに気持ちの整理はつきました。経済的な問題、家族の了解が得られれば、退職しようということでした。

今の状況は辛いですが、我慢しようと思えば我慢できます。若い頃の荒れた時代を考えれば、まだましです。それこそ異動すれば、また何とかなるでしょう。

しかし、学校を取り巻く社会の状況は悪化することはあっても、大きく良い方向に変わることはないでしょう。そのなかで、教育委員会と保護者の顔色ばかりを見て、形だけを整えようとする管理職のもとで、言われたことだけを無難にこなし、教師評価と保護者の批判が怖いのであたりさわりのない指導に徹する教師という存在……。そういう教師に期待される仕事に、私は自分なりの意味が見出せなくなってしまったのです。もうすぐ五十歳、残りの人生も充実させて生きていきたいと思います。いまの状況では納得できないのです。

現在、私は公立中学校教師を退職し、知り合いから誘われた私立高校の教師をしています。退職希望を校長に伝えたときも、引き止められることもなく、淡々と事務手続きを進めてくれました。たぶん私は、教師評価の低い教師だったのかもしれません。今回の私の行動は、管理職や教育委員会には歓迎される行動だったのかもしれません、そう考えると、どこか寂しいですが……。

いま勤めている高校は荒れた底辺高校で、管理職を中心に一丸となって生き残りをかけ、生徒たちと悪戦苦闘している学校です。年収はかなり下がり、日々猛烈に忙しいですが、風呂上がりのビールが妙においしく感じる日々です。最初は心配していた妻も、「最近生き生きしているわね」と言ってくれています。きっかけは辛かったですが、今回決断してよかったなと思っています。

私立高校に移って感じたことは、現在の公立学校には、学校独自のアイデンティティはないのだなということです。教育委員会の指導の下請け機関なのです。次々といろいろな教育政策が提案され、それに素直に従い、味・栄養はともかく、とりあえず形だけひと揃えした幕の内弁当のような存在です。それが真に生徒たちのためになっているのかは二の次で、とりあえず形だけ整えるのに教師たちが汲々としている状況です。

教育改革が進んだ東京の教育現場には、急速にこのような状況が現出してきたと思います。

第5節　先生方の事例から浮かび上がってくるもの

「教育実践環境の変化」「期待される教育内容・活動の変化」「勤務条件の変化」の三つの変化が急速に起こった東京では、教師の学校ストレスの各領域のストレスの大きさは相乗的に悪化し、そのストレスの累積が教職のやりがい感を実感できる物理的・精神的余裕をなくし、それが教師のやりがい感の低下に拍車をかけていると思います。

私は教師相談に関わってから十年弱になりますが、ここ数年の学校現場の様子、相談に訪れる先生方のお話を伺うと、強く感じることがあります。それは三つの変化が起こる前の学校現場（東京の一九九〇年くらいまで）で、すでに能力的に一杯一杯だった教師は、三つの変化が一つでも起こると、教師としてやっていくことがとても難しいのかな、ということです。

東京では三つの変化が、短期間で「教育実践環境の変化」「期待される教育内容・活動の変化」「勤務条件の変化」の順に起こったと思います。そして、二〇〇〇年・平成十二年頃からは、三つの変化がほとんどの教師に明確に意識されてきたと思います。

こうなると、今までなんとかやれてきた教師たち、さらに、今までのやり方に熟達し学校現場の中心だった教師たちも、教師としてやっていくことにかなりの困難さを感じているのではないでしょうか。

▽ここにある退職していく二十代の教師たちの原因

退職が多いといわれている東京の二十代の教師の実態も、前述のことを物語っています。一人前として求められる指導力のハードルが、以前よりも数段高いのです。そして最初から他の中堅・ベテラン教師たちと同様の指導の発揮を、保護者から強く求められる傾向があります。経験が少ないなかでのこのハードルの高さは、東京の二十代の教師たちには、かなり厳しいものがあると思います（特に新規採用の教師は、ベテランの教師たちが異動希望をしないような難しい勤務地域に充当要員として配属されることもあるのです）。勤務校のなかでの周りからのサポートの如何が重要な要素になります。

筆者の大学でも教員採用試験を複数受験する学生は多いです。本命は倍率が高い地方の出身県、そして滑り止めとして倍率が低い東京や横浜などの都市部の大量採用地域です。実態として後者だけ合格する場合が多いのですが、結果としてそれらの学生は、地元の県に帰って非常勤で勤めることが多いようです。彼らにその理由を訊くと、多くは単に長男・長女だから両親のそばにいたいというだけではなく、次のように語ります。

「地方の地元の県は、正規に合格するのに四、五年苦労するかもしれないけれど、すぐ合格できる東京は、教師になってからずっと苦労するから」と。

学生たちは地元の母校で教育実習を経験します。そして、近隣の東京の学校の見学やボランティア活動にも積極的に参加します（大学で奨励しています）。二つの経験から、地域差による子どもたちの実態の違いを、身をもって感じてしまうのかもしれません。

事例に登場した先生方は、今までのやり方に熟達し、学校現場の中心だった先生方です。この先生方が悪戦苦闘しているのです。

教育現場に起こった三つの変化は時間差はあるにしても、全国に徐々に広がっていっているのが現状です。したがってこの問題は、全国の教師たちが全員自分たちの問題として捉え、どう対処していくことが自分にとってベストなのかを、じっくり考えることが急務だということなのです。

今までの実践に強い確信を持ち、日々の実践に邁進している地方の中堅・ベテランの先生方も、それができているのは、その地方だから、教育現場に起こった三つの変化の影響が少ないから、かもしれません。

影響の少ない今こそ、東京の教師たちの事例を参考に、先手の対策を打っておくことが求められると思います。

▽退職をした教師とそうでない教師との違い

まず、最初に言っておきたいのは、退職しなかった教師が素晴らしく、退職した教師は負け組だなど言う気は毛頭ないということです。その決断には、その教師の生き方・価値観、家庭の事情などが大きく関わっているからです。

ですから、そこの個人的な部分はより大きな問題ですが、あえて深く言及せず、これから多くの教師たちが避けては通れない共通した問題に焦点化して解説していきたいと思います。

▽三つの変化をどう受け止め・どう対処したのか

教育現場に起こった三つの変化に対して、その受け止め方と対処のパターンには、五つのタイプがあります。

(一) 変化に押しつぶされてしまった

今回の事例では取り上げていません。三つの変化が起こる前の学校現場(東京の一九九〇年くらいまで)で、すでに能力的に一杯一杯だった先生方が、最初の「教育実践環境の変化」についていけなくなってしまったタイプだと思います。

子どもたちの対人関係を形成する力が急速に低下し、学級集団作りに教師の積極的な計画的な対応が求められるようになった時点で適切な対応ができず、学級崩壊・授業不成立などの問題が生じてしまったのでしょう。このタイプの詳細(「理解と対応策」)は、拙著の『学級崩壊に学ぶ』(誠信書房)を参照してください。

（2）変化を受け入れられなかった、今までの自分を頑なに押し通そうとした

第4節で紹介した退職された元高校教師の方、元中学校教師の方が該当すると思います。

元中学校教師の方は、「教育実践環境の変化」に対して、今までの自分のやり方で強く対応しようとして、うまくいかず、かつ、そのような頑張りは徐々に周りの同僚からも受け入れられず、学校で孤立無援になってしまったのではないでしょうか。

もちろん、「期待される教育内容・活動の変化」「勤務条件の変化」も受け入れられず、従来の厳しい部活動指導中心の教育方針、一致団結した体育会系の職員集団、これが理想の教育実践の基盤と確信し、一人で邁進されたのだと思います。それ自体悪いことではないと思いますが、周りの同僚、管理職と話し合い、折り合いをつけながら、チームを形成することがなかったのが残念です。

たぶんこの先生は、そんなことは言わなくても、中学校の教師ならば暗黙の共通事項だと考えたことが、すでに変化に気づかなかった・受け入れられなかった、ということかもしれません。

結局、この先生は、今までの自分のやり方が受け入れられた私立高校の教師に転職されたのですが、その転職先が、同じような三つの変化によって、学校自体が変わり始めないか、不安を感じるのは私だけでしょうか。

元高校教師の方は、一貫して教育困難高校で指導に当たられ、その指導に独自のすぐれた力を発揮されてきたのでしょう。「教育実践環境の変化」に対しても柔軟に対応し、独自の方法でそれなりの成果をあげてきたのだと思います。しかし、「期待される教育内容・活動の変化」「勤務条件の変化」

をどうしても受け入れることができなかったのだと思います。

自分の教師としてのアイデンティティは、一人の独立した専門職である教育者、ではないでしょうか。そのアイデンティティを確立するに足る経験と自負があるのだと思います。そういう教師にとって、教師としてのあり方、教育活動を他者から管理されることは、とても耐えられなかったのだろうと思います。ただ、そこまで教師としてのあり方にこだわらない同僚から、徐々に浮いていってしまったのでしょうか。

教師が感じる「学校ストレス」は、

・学校環境に生起する人間関係
・仕事に取り組む状況と成果

の二つに整理され、両方が同時に悪化すると、教師は厳しい状況に陥ると第1章で説明しましたが、まさに、退職された両者の先生は、三つの変化のなかで両方が同時に悪化してしまっていたと言えるでしょう。

また、三つの変化をどうしても受け入れられなかった背景には、単にその教師が頑固なパーソナリティだったということ以上に、中・高年の人間の発達心理の問題、アイデンティティの再統合の問題があると思います。この面は第3章で詳しく取り上げたいと思います。

（3）変化を漠然と受け入れ、自分では仕方がないとあきらめた

前後してしまいますが、第3章に登場する小学校教諭の川崎真一先生が該当すると思います。

三つの変化を仕方がないものと受け入れたものの、自分ではどうしようもないというあきらめがあり、周りの状況に流されるままになっているのです。

プラスの評価はいらないので、言われたことを無難にこなし、なんとか今の仕事を最低限続けていこうという状態です。自尊感情が低下し、無気力になっていくパターンです。三つの変化の影響が強まってくると、（1）のパターンに近づいていくと思います。

仕事の辛さを別なもの（飲酒、趣味など）に依存することで発散することが多くなってくると、教職がますます無味乾燥になり、悪循環に陥っていきます。

逆に開き直って、子どもや保護者、周りの同僚、教育体制などをやたらに批判するようになる教師もいます。周りに墨を吐くようなこのような行動は、徐々に教え子や同僚にも疎まれ、孤立していってしまいます。

他者をどんなに批判しても尽きることはありません。なぜなら、批判する原因の中心は他者にあるのではなくて、現在の自分自身の不全感にあるからです。そのことに気がつかない限り、他者を批判してそのときはすっとするかもしれませんが、すぐにむなしさが募ってきてしまいます。そして、またそれを打ち消すために他者を批判するという悪循環になってしまうのです。

周りにはそのような状況が透けて見えてしまい、とばっちりを受けるのは嫌なので、みんな離れていってしまうのです。

（4）変化を漠然と受け入れたが、自分なりの対応方法での変革がなかった・しなかった

第4節で紹介した退職された元小学校教諭の先生、また前後してしまいますが、第3章に登場する小学校教諭の鈴木佐恵先生が、このパターンに該当すると思います。このパターンの教師は、変化を感じているので、従来の対応方法にちょっとした工夫、修正はしているのですが、微修正レベルなので、結果として変化に対応できなかったのです。その意味で、（2）のパターンとは異なり、（2）の教師に見られがちな唯我独尊的な雰囲気は少ないのです。

したがって、「仕事に取り組む状況と成果」に困難さは見られるものの、同僚から孤立することは少なく、（2）の教師のようには、強く追い詰められることは少ないと思います。

このパターンになる主な原因は、二つあると思います。

まず変化をそんなに深刻に受け止めなかったので、今までの対応方法を継続した、という場合です。

その理由として、大きな変化に対する厳しい実態の情報が不足していて、深刻に受け止めず、事前に研修をする、専門書を読む、知り合いの体験談を聞くなどの学習をせず、なんとかなると考え、今までのやり方を継続したのです。

同様の理由として、今までの自分の経験を過信し、この変化もなんとかなると考え、今までのやり方を継続したのです。拙著『学級崩壊に学ぶ』に登場する、学級崩壊することが多い学年主任クラスのベテラン教師は、このパターンが多いと思います。今までの成功体験を忘れられないのです。バブ

ル崩壊後の企業におけるリストラ要因となった社員も、このパターンだと思います。画一的な量的な拡大への頑張りから、個に応じた質への変化に、根本的な自己変革ができなかったのだと思います。

次の理由は、今までの対応方法を大きく変革した自分像が見えない不安から、従来の自分、対応方法に固執してしまったのです。（2）と同様に、中・高年の人間の発達心理の問題、アイデンティティの再統合の問題があると思います。やはり第3章で詳しく取り上げたいと思います。

ただ、（2）のタイプの教師は、今の自分とそのやり方に対して、自分を失ってしまう不安への防衛の面が強いのですが、（4）の教師は完全主義な面があり、完全に変革した自分像・一定のレベル以上の自分像が見えないと不安で、変革に前向きになれないのかもしれません。

（5）変化を受け入れ、自分なりに対応方法を変革した

第1節、2節、3節の事例の先生方が、このパターンに該当すると思います。

このパターンの教師たちも他のパターンの教師たちと同様に、教育現場に起こった三つの変化に相当苦戦しています。子どもたちの対人関係を形成する力が急速に低下し、学級集団づくり・活動が従来の方法だけで難しいのは、変わりがありません。

しかし、このパターンの先生方は苦戦しているなかで、従来の自分のやり方に新たなやり方を大きく取り入れ、統合して対応していることがわかります。

たとえば、大河先生は、超多忙ななかでも敢えてそれに流されないで、生徒と一対一で向き合う時間をしっかり確保して対応する地道な取り組みで活路を見出しています。ただ、その時間を生み出す

ための努力は、結局、家庭にしわ寄せがきてしまったという残念な結果になってしまったのですが。

根本先生は、崩壊した学級の対応として、学級集団の状態の全体像を把握したうえで、その状態にあった対応を計画的に実施する（集団心理学の応用）という、今までやったことのない取り組みに挑戦し、成果を挙げています。この実践の背景には、休日などに、独自に研修会に参加し、そのような実践の理論と技術の習得に努めた前向きな努力があったことは、押さえておきたいポイントです。

千田先生は現在の教育困難高校の最前線で、従来の教育相談派、伝統的生徒指導派の対立ではこの問題は解決できないと考え、その折り合い点のあり方を模索し、先生なりに取り組みました。つまり、従来の自分のやり方に、変革的な方法を導入して統合し、新たな自分のやり方を柔軟に確立しているのです。

そして、このパターンの先生方は、教員集団に過度に同調的に依存するのではなく、それぞれの学校の教員集団の特徴にあわせて、適度に人間関係を保ちながら自分らしく職場生活を送っています。そのような関わりをとることができたのは、目の前の困難さをある程度自分で対処できたので、過度に同僚に依存したり、対立したりすることもなく、余裕を持って関わることができたからかもしれません。

教師が感じる「学校ストレス」は、

・学校環境に生起する人間関係
・仕事に取り組む状況と成果

の二つに大きく整理することができますが、このパターンの教師たちは、両方に適切に対応できていることがわかります。

教育現場に起こった三つの変化に対して、教師のあり方の五つのパターンを紹介しましたが、退職に追い込まれるような状況になってしまう可能性が高いのは、(1)(2)(3)のパターンの教師ではないでしょうか。ただ、(3)の教師は教育実践を割り切って、他の同僚の有形無形の援助を受けながら、学校現場にしがみつくという形で教職を継続することが多いと思いますが、一緒に仕事をするにはとても辛い存在で、第三者から見ると、やるせなくなってしまいます。

(4)のパターンの教師は、分岐点ではないでしょうか。実践方法に従来のやり方にプラスして、変革的な新たなやり方を導入し、それらを統合した自分なりのやり方を確立できないと、(2)(3)のパターンの教師のようになってしまいます。

この取り組みは、結果的にその教師自身の発達心理の問題・アイデンティティの再統合の問題につながると思います。逆に、このような試練を自分なりに乗り越えられないと、中堅・ベテランの教師は自分自身の発達の問題を解決できないのかもしれません。

(5)のパターンの教師は、現状の学校現場で求められる教師像だと思います。結局、教師たちはこのパターンを目指すことが求められると思うのです。

▽教育改革の計画に無理はないのか？

ただ、(5)のパターンの教師が東京の学校現場にどれくらいの割合でいるのでしょうか。そんなに多くはないと言いたいのです。

つまり、現在の東京の学校現場では、三つの変化という教師にとってかなり厳しいハードルがあり、(5)に至ることが難しくなっているのです。

お話を聞かせていただいた(5)のパターンの先生方も、穏やかに話してくださいましたが、かなり日々ハードで、疲れておられる様子がうかがわれます。力のある先生方がこのような状態なのですから、このような教師にとって厳しいハードルを前提にして、さらに促進される教育改革は、いい成果をあげることは難しいと思うのです。

教育改革の理念やプランは素晴らしいと思うのです。しかし、その改革を進める現在の学校現場の状態、教師の置かれた現状を考えると、計画通り進めるのはかなりの困難さを伴うと思います。成果は計画者の机上のプランで決まるのではなく、それを取り入れて実践を行なう教師たちがどれだけやれるのか、によって決まるからです。

教師がめいっぱいで疲れていては、いい教育実践が生まれるはずがありません。それでもなお、形としての成果を求められたら、教師たちは燃え尽きるか、実践内容は二の次にして、形だけ整えようとすると思います。それでは本末転倒です。

したがって、各学校、各教師たちの置かれた現状を充分に把握したうえで、計画された教育改革の推進の到達目標に、柔軟性があっていいと思います（もちろん、その到達目標の設定には第三者の評価も入れるべきです）。

東京でも三つの変化の影響は、地区によって、各学校によって微妙に違います。三段階を目安とすると（3：とても厳しい、2：厳しい、1：厳しいときがある）、第1節、第2節、第3節の事例の先生方は、すべてが3、合計9点の学校に勤務している先生方と言えるでしょう。

「教育実践環境の変化」3とは、地域の保護者同士の連携が少なく、家庭の問題を抱えた児童・生徒が学級に四、五人おり、特別支援を必要とする児童・生徒も学級に複数いる、保護者のクレームが強い、学校選択制度の実施、などです。

「期待される教育内容・活動の変化」3とは、学年二期制、小学校への英語学習の導入、新たな学習形態（少人数学習）、パソコン教育の推進、サタデースクール、夏休みの補習の完全実施などの教育改革をきっちりと実施し、その成果を外部に積極的に発表している、などです。

「勤務条件の変化」3とは、教師管理、教師評価の徹底、評価の低い教師への強制異動の実施、などです。評価されるための書類の作成・提出が、とても多いのが現状です。

筆者が行った聞き取り調査、さまざまな県での教員たちの自主研究サークルに参加させていただき、その懇親会で率直に聞かせていただいた話を整理すると、東京の学校では、合計六点が平均で、八、九点の学校も地域に一割くらいあるのではないでしょうか（現場の先生方はそのような学校を明確にわかっていると思います）。

他の大都市の学校でも六、七点くらいの学校はあると思いますが、東京の学校の得点が高いと感じるのは、やはり「教育実践環境の変化」と「勤務条件の変化」が大きいと思います。

教師が主体的に、意欲を持ってやっていけるのは、合計五点くらいまでなのかなと感じます。そういう学校の先生方は元気で、教師たちの自主的な研究サークルがとても盛んです。やらされているというよりも、もっと取り組んでみようという意欲が感じられ、参加した筆者もパワーが充電される感じです。

そのような状況のなかで始めて、教師は従来の実践に新たな変革的なやり方を取り入れ、新たな統合された実践力を確立できるのだと思います。

東京の状況では、結果的に（５）のパターンを取れなくなってしまうと思います。

▽教師の多忙感

平成十七年文部科学省が発表した「義務教育に関する意識調査」によると、教頭・副校長や一般教員の六〇パーセント以上が「常に忙しい」、と多忙感を訴えています。

具体的な状況については、次のようなものがあります。

・一人ひとりに応じた学習指導が以前よりも求められるようになった
・授業の工夫が以前よりも求められるようになった
・作成しなければならない事務関係の書類が増えた
・児童生徒の学習評価に費やす時間が増えた
・放課後や土曜日も指導が求められるようになった
・保護者や地域住民への対応が増えた

たしかに、従来よりも物理的に仕事量が増加したことは間違いないでしょう。でも、常に多忙感を感じていない教員もいることも確かなのです。

実は人が感じる多忙感は、仕事量の多さと単純な相関関係にはならないのです。二十四時間働いているような大手企業のエリート役員は、フレックスタイムで八時間働く平社員よりも多忙感が低いといいます。

なぜでしょうか。

つまり、人間が感じる多忙感は、単に仕事量が多くて辛い、体が疲れる、だけではなく、そこに精神的なものが加わると、人は強い多忙感を感じるのです。

教師は次のような状況に置かれると、それを感じるものです。

・やっている仕事にその意義が実感できない
・仕事の取り組みに自分なりの見通しが持てない・自分のペースが持てない
・達成地点のイメージ、配分・方法に自分の考えが活かしにくい
（指示されたことを、ただ事務的にこなしていくだけの形）
・やっている仕事に、具体的な手応えが実感できない
・取り組んだ仕事の結果に、プラスの評価が得られない

つまり、教師が右記の状況から感じてくるものは、教職のやりがい感のなさ、なのです。仕事量の増加に、教職のやりがい感のなさを同時に感じたとき、教師は日々の仕事に強い多忙感を感じるようになるのです。

対応としては、仕事を精選して仕事量を物理的に減らすことが必要なのは言うまでもありません。しかし、仕事の精選には限界があると思います。そこで、右記の五つの状況があることを前提にして、それを嘆くだけではなく、積極的に対処していくこと、教職のやりがい感を自ら意識して感じられるような状況を作っていくことが、切に求められるでしょう（教職のやりがい感を自ら意識して実感できる状況を作っていくことの詳細は、拙著『教師力』誠信書房を参照してください）。

最後に、三つの変化にうまく適応できないのは、中堅・ベテランの教師が多いと指摘しましたが、

それはその個人の問題というよりも、すべての教師たちが向き合わざるを得ない中・高年の人間の発達心理の問題、アイデンティティの再統合の問題が大きいと思います。

退職してしまった先生［（2）（4）のパターンの教師］のなかには、指導力の問題というよりも、この問題のほうが少なくありません。第3章では、この教師たちの発達の問題をじっくり考えてみたいと思います。

③章 中堅・ベテラン教師の悩みの底にあるもの

近年、年間千人以上の教師たちが定年を待たずして中途退職している東京で、退職している教師の中心は中堅・ベテランの先生方です。

本章では、それらの先生方に中途退職を考えさせる本音の思い、人に言えない悩み、を考えてみたいと思います。その際、現在の悩みを、教職経験という個人の自分史を通して理解し、中堅・ベテランの先生方の、一人の人間としての発達の問題として考えてみたいと思います。

現在の悩みの背景には、数々の教育改革、学校・教師を取り巻く環境の変化で、今までの教師としてのアイデンティティが揺さぶられ、自分が、自分の生き方が見えなくなっている部分もあると思われるからです。

中堅・ベテランの先生方の自分史は、心のライフラインという簡単に書ける自分史のやり方でまとめてもらいました。心のライフラインとは、自分の生きてきた道筋を、自分が感じた幸福感の高低に

よって一本の線でつないだものです（書き方の詳細は後述します）。何があったかよりも、それを現在の自分がどのように捉えているのかを重視し、現在の自分に対する理解を深めていこうというものです。

【心のライフラインの書き方】（以下、ライフラインと略）

（用意するものは、Ｂ５かＡ４の紙一枚と、筆記用具だけです）

1　紙を横長に置き、紙の中央に一本の線を真っ直ぐ横に引きます。この線が、あなたの人生の時間的な流れを示す線であるとともに、その時期その時期のあなたの感情を示す、座標軸になります。

2　左端の書き始めに0《ゼロ》を記します。これがあなたの誕生時点です。右端が現在のあなたの時点です。今回は、教師生活の自分史ですから、2のスタートは教職に就いた年です。

3　今のあなたに影響を与えている時期、節目の時期を横線に書き入れます。時期の長さは、定規で均等な割合になるように記す必要はありません。同じ一年間でも自分にとっては十年間に相当すると感じることもあれば、今から思うと、あの三年間はあっという間だったということもあるのです。

4　3で区切った時期のことを、じっくり思い浮かべます。
5　3の時期ごとに、あなたの幸福感の高低を記します。
上に行けば行くほど、幸福感が高く、下に行けば行くほど、低くなるわけです。
6　各時期の点を線で結びます。
これでライフラインが完成です。

人生の節目のとき、生き方の大きな選択に迫られているときに、折にふれて、自分を見つめ直せとよく言われますが、どこからどのようにすればよいのかわからず、考えていくうちに、かえって混乱し、わからなくなってしまうことが少なくありません。

このようなとき、ライフラインを描いてみるのは、手っ取り早い方法だと思います。ライフラインは比較的容易に書ける自分史です。それも、自分の感情を中心にしています。自分が感じている過去から現在までの自分の歴史に、一貫性がもてる、のです。

そのときそのときの時期に、それなりに精一杯生きてきた自分がいたはずです。そのときはその時期の部分だけが強調され、それがその人の全体だったと考えられるかもしれません。たとえば、
・教育に燃え、子どもたちに全身でぶつかっていた二十代
・人間関係の難しさに現実を見た三十代
・教育実践がマンネリ化してきた四十代
という具合に、その時期だけを見るとその部分だけが切り取られ、一見その人が変わったのだなと

思われることがあります。しかし、その人自身の背景には、二十代、三十代、四十代には、必ずつながりがあるのです。その時期をつないでいる部分に、自分の本音の感情や思いが隠れているのです。それに気づくことで、自分自身をより深く見つめることができるのです。

本章に登場する先生方は、著しく能力面に問題のある教師、性格や心理面に難がある教師ではありません。地域の教育現場ではある程度のリーダーシップをとり、バリバリやってきた方々です。それがどうして……。

お二人の先生はともに小学校の先生です。そして、お二人の先生の問題の背景には、ご自身の発達にからむ問題がひそんでいると思います。

第1節では、女性のベテランの先生を取り上げます。教師批判の署名が回り、担任する学級を持ち上がれず、少人数担当の教師になった自分に、どこか納得できないものを感じている先生です。

第2節では、男性の中堅の先生です。管理職を目指して頑張っていたのですが、病気をきっかけにそのような生き方に疑問と限界を感じ断念しました。さりとて、教師として生きていく以外のやりがいも見出せないまま、昔、自分が嫌悪していた「やる気のなくなったベテラン教師」に自分がなっていくのを、寂しく見つめている先生です。

第3節では、中堅・ベテランの教師が陥る発達の問題について解説します。教育現場に起こった三つの大きな変化は、中堅・ベテランの先生の発達の問題を深刻にしています。これらの東京の先生方の問題は、教師として生きていくすべての先生方の問題になると思います。

第1節　教師批判の署名が回って担任を持ち上がれず……

鈴木　佐恵・仮名（小学校教員　五十五歳・女性）

［自己紹介］　私は今年で教師生活三十三年になります。ひとりっ子で育ったので、教師となり、子どもと関わる仕事をするのが夢で、教員養成大学に入りました。

陽気で朗らか、子どもの頃から「自主性があり活発、活動的」と言われてきました。

新卒でいきなり体育主任になったのを皮切りに、自分で言うのも何ですが、私は若い頃から責任のある仕事を任され、学校の中心となって仕事をしてきました。頼りにされ、努力を重ねてきた自分に誇りを持っていました。しかし、気がつくと子どもたちや保護者との間にギャップが生まれ、急激にIT化していく教育現場について行けない自分がいました。以前は経験しなかった保護者や子どもとのトラブルも経験し、老いを感じています。現在は、少人数担当で、それなりの成果を上げていますが物足りません。教師としての残りの人生は、やはり学級担任として子どもに関わりたいというのが私の願いです。

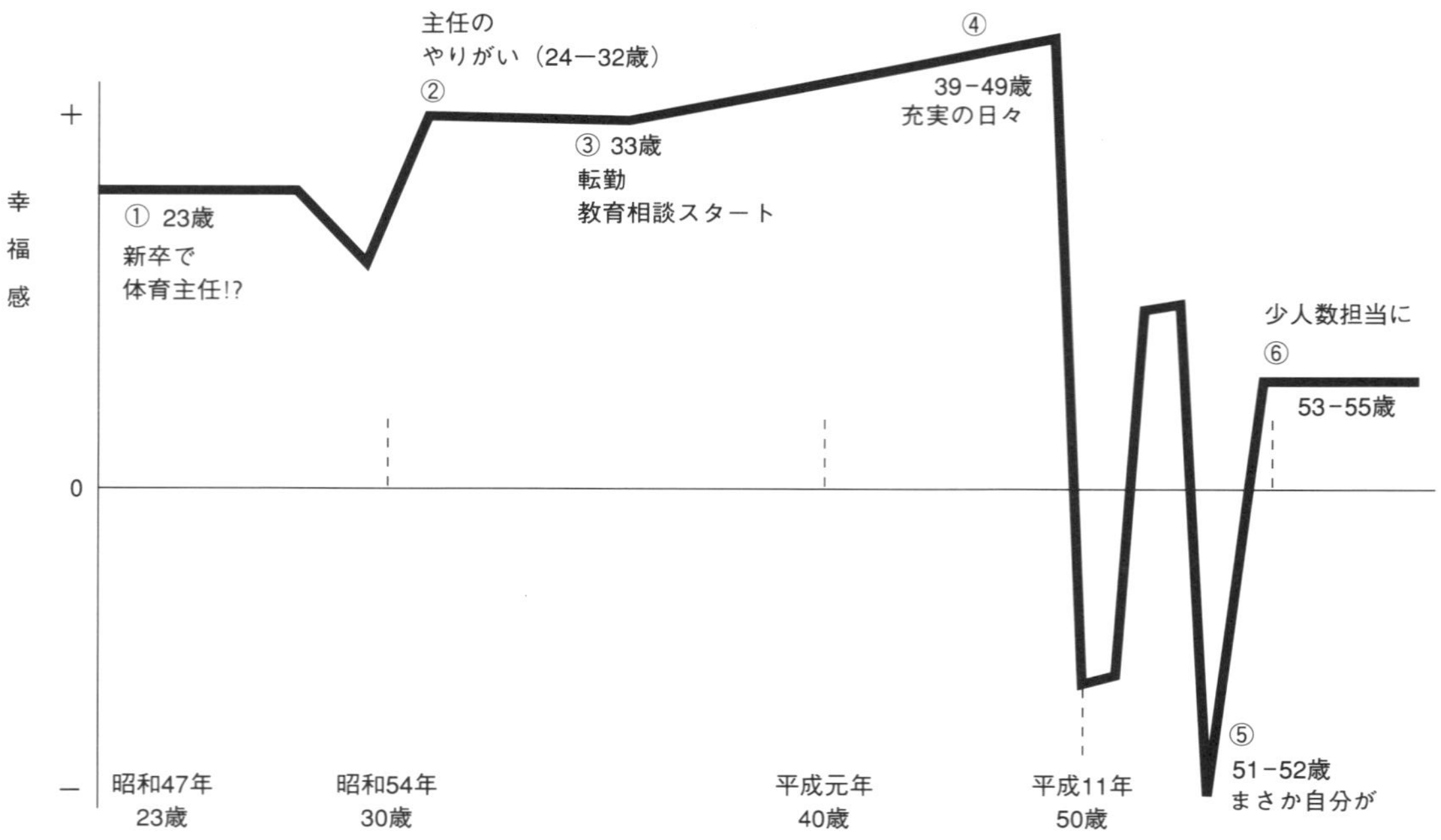

図　教師の心のライフライン・鈴木佐恵（55歳）

▽新卒でいきなり体育主任、とまどいのスタート

昭和四十七年　二十三歳

私が教師になった時代は、今のように、初任者研修制度のもと、後補充の教師が新採用をフォローをするシステムがまだない時代でした。子どもの数が急激に増え、教師が不足していたところでしたので、新卒といえども重要な戦力でした。

東京の西部にあるA区の中規模校に採用された私は、面接に訪れた校長室で、

「鈴木さんには、四年生と体育主任をお願いします」

と言われ、絶句してしまいました。

新卒の私でも、教育実習の経験から、体育主任が学校の要職であることは、想像がつきました。念願の教師になって、夢いっぱい、やる気いっぱいであっても、簡単に引き受けることはあまりにも無責任です。しかし、ここで断わったら不採用になるかもしれないと思うと、どうしていいか分からず、頭が真っ白になってしまいました。気がつくと人前で泣いたことなどない私でしたが、ぼろぼろと涙があふれていました。やっとのことで、自信がないことを伝えると、B校長に、

「大丈夫です。あなたならきっと出来ます。先生たちも助けてくれますから」

と、説得され、泣く泣く引き受けることになってしまいました。

その職場には、男性教師が多く、今更ながら「なぜ、新卒の私が……」と不審に思いました。体育

部には、その先輩たちが多く名を連ねていました。「フレッシュな感覚で、自由にやっていいから」「何でも言ってくれれば手伝うから」と一応声はかけてくれましたが、先輩たちに声はかけにくく、実際には、一人で対処しなければなりませんでした。

その学校は、春と秋に運動会があり、その計画と運営には、多くの時間をとられました。また、休憩時間に行う持久走や縄跳びなどの「業間体育」の実施では、「子どもには自由な遊び時間を」という同僚と管理職との間に立ち、板挟みに苦しみました。

対外的な行事も多くありました。水泳大会、陸上競技大会、その度に体育主任の打ち合わせがあり、出張しなければなりません。毎月の区の体育研究部会にも出席しなければなりませんでした。

今では、少なくなりましたが、放課後には教職員のスポーツ研修が毎日のようにありました。新卒で、しかも体育主任となると抜けるわけにも行きません。季節ごとに、バレーボール、テニス、卓球と内容は変わっても、解放される日はありませんでした。

一方で、一人前の教師としての責任を果たしながら、新卒としての指導もきっちりと受けました。週案簿はもちろん、大学ノートに毎時間の指導案を書いて教頭先生に提出しました。

朝早くから夜遅くまで仕事に追われ、家には寝に帰るだけの生活、一学期の終わりには体重が十キロも減りました。

▽体育主任としてやりがいを感じる

昭和四十八〜五十六年　二十四〜三十二歳

次の年、私は、クラス替え後の五年生を引き続き担任することになりました。「若いうちに高学年を経験したほうがよい」という校長の考えでした。

保護者会では、「私たちが先生を育てますから」「先生や子ども以上に私たちががんばるから頼りにしてね」などと言われ、心強い思いがしました。

体育主任も二年目となると見通しが持て、余裕が出てきました。このころ、区の体育部には都や全国でも有名な教師が多数いて、活発に活動していました。そのなかでも特にC先生は研究熱心で人望があり、リーダー的な存在でした。このC先生が前年まで私の赴任先の体育主任であったために、その後の引き受け手がなく、新卒の私が任されたということがわかりました。

最新の資料と話題に、最初は話について行くのが精一杯だった私も、計二回、区の研究授業をやらせてもらうなかで、徐々に研究がおもしろくなり、体育主任の仕事にもやりがいを感じるようになりました。区で女性の体育主任がたった二人だけということもやりがいの大きな理由でした。

校内でも、五、六年と持ち上がり、初めての卒業生を出したときには、感激しました。次の年も、高学年の担任が続き、教師の仕事に手応えと自信を感じる充実した日々でした。

五年目に結婚をし、一年生を受け持ちました。何もかも新鮮に感じられ、往復の電車でも家事をしていても、テレビを見ていても、いつも「何か教材に使えないか」と考えていました。

八年目に計画出産、育児休暇を取りました。復帰後は、子育てをしながら「教え育てる仕事」に携わる自分に、ますます満足感と充実感を感じることが出来ました。

▽初めての転勤先で教育相談スタート

昭和五十七〜六十三年　三十三〜三十八歳

初めての転勤で、隣の区の十二学級の学校に赴任しました。この年は、学級担任が五人も入れ替わり、私は体育主任と保健主任と二年生の学年主任を任されました。

校内の体育部は私と新卒の養護教諭でしたので、実質は一人のようなものでした。しかし、新卒でいきなり体育主任になるという修羅場をくぐり、しかも都や全国に有名な教師がいる区の体育部で鍛えられてきたことを考えると、不安はありませんでした。保健主任の仕事は、新卒の養護教諭の相談に乗ることが主で、それほど負担にはなりませんでした。

一番のストレスは同僚との関係でした。一緒に学年をくんだDさんは三歳年下でした。転勤してしばらく経った四月の朝、同僚たちのお茶を注いでいると、突然そばに来て、

「あなた、みんなのお茶なんか注がないでよ！　年下の私がやらなきゃならないでしょ」と、言われました。別にいい格好しようとしていたわけではなく、今までの職場で自然にしていたことを咎められ、とてもショックでした。学年会の度に、このことを思い出し、やりにくさを感じました。職員

会議では、今までの職場と違っていつも管理職と同僚たちの対立があり、提案をする立場としては、後味の悪い思いをしました。口ばかりで仕事をしない人も目に付き、不満が湧いてきました。

その年の秋、職場に居場所を見出せないでいた私に、教頭が教育相談初級研修を勧めてくれました。木曜の午後、計六回の研修を通して、教育相談の基礎を学びました。それと同時に、校外に出ることが気分転換となり、一年目の危機を乗り切ることが出来ました。二つの意味で、研修を勧めてくれた教頭には感謝しています。

職員会議の様子やDさんとの関係がそれほど変わった訳ではありませんが、二年目からは適当に流せるようになり、かなり居心地が良くなりました。子育ての真っ最中でしたが、理解ある夫や近くに住む夫の両親、実家の両親に支えられ、何とか校務分掌もこなすことができました。この学校には、計六年勤務し、主に、低・中学年を担任、転勤しました。

▽学校の中心となり、充実した日々

平成一～十一年　三十九～四十九歳

三校目は、自宅から自転車で通える所でした。娘は九歳になり、休日には団らんを大事にするように心がけていましたが、平日は独身の頃のように仕事中心の生活をしていました。

異動してすぐでしたが、前任校で初級を受けて以来遠ざかっていた。教育相談の中級研修に行かせてもらうことができました。校務をやりくりしての毎月の出張や、三泊四日の宿泊研修は大変でし

た。でも、これまでの児童理解や集団への対応をふり返ったり、自分では意識せずにやっていた対応の理論的背景を知ったり、自己理解や他者理解を深めたりでき、教師としての力量を高める良い機会となりました。

翌年、生活指導主任が回ってきました。年上で適任だと思われる人もいたのですが、結局は私になりました。そろそろ体育主任から解放され、自分の視野を広げたいと思っていたところだったので、思い切って引き受けることにしました。同時に、三クラスある五年生の学年主任にもなりました。毎日十二時間労働でしたが、全校児童への指導や教職員の連携、地域との連携など、教育相談研修の成果を生かしてリーダーシップをとることができました。

五年目には、研究主任を任されることになりました。教育相談の専門研修もこの時期に重なっていたので、二つのテーマを関連づけて取り組み、一年間、さらに忙しい充実した時期を過ごしました。翌年には、区の研究協力校に自分たちから名乗り出て発表、次の年にも自主的に研究を継続しました。調整役としての苦労はありましたが、同僚に支えられ、対外的に見ても満足のいく成果を挙げることが出来、「継続は力なり」を実感しました。学級経営も、教育相談研修を生かして進めた結果、順調に進めることが出来ました。

しかし、激務がたたったのか、年のせいか、体調を崩し、夏休みに三週間入院してしまいました。

▽「まさかこの私が」という出来事に落ち込む　平成十二〜十三年　五十一〜五十二歳

四校目は、初めての区の比較的都市部にある学校でした。自転車で通える範囲だったのでほっとしました。

校長に、面接のときに、

「教育相談で実績のある鈴木先生が来てくれるので、教育相談室として部屋を用意します。それから、男性がぐんと減ったので、あなたを頼りにしたい。学年主任として五年生を女性二人で受け持ってほしい」

と言われました。私の実績を高く評価してくれている、いい職場に転勤したと感じました。

高学年を女性だけで受け持つのは四回目だったので、不安は全くありませんでした。ペアを組む相手は、三歳年上のベテランで生活指導主任のF先生でした。私たちは姉妹のように気が合い、同じ価値観で学年経営に当たることが出来ました。移動教室、学芸会、学年集会等の行事でも、学習面でも生活面でも成果を上げることが出来ました。教育相談研修で培ったノウハウを活用した学級経営も順調で、保護者との連携もうまくいき、充実した転勤一年目だと感じていました。

ところが三学期の終わりに、突然、校長に呼ばれました。何事だろうと思い校長室に行くと、

「鈴木さんのクラスのAさんが、担任を代えてほしいとこれを持ってきた」

と、分厚い封筒を渡されました。保護者とうまくいっていると思っていた私にとって、それは青天の霹靂でした。なかには、十数人の母親の名前で、その理由がびっしりと書かれた便箋が十数枚入っていました。私の知らないところで学級茶話会を開き、そこで話し合った内容でした。

動揺を押し隠しながら、それを読むと、身に覚えのないことや誤解だと思われることばかりが書かれており、絶句してしまいました。なかでも女子との関係がうまくいっていないという内容については、どう考えても納得がいきませんでした。

私には、さまざまな教育相談研修で学んだ手法を活用し、子どもたちの本音を知る努力を、他の教師よりはしているという自負がありました。これまでのかかわりをふり返っても、狐につままれた気持ちになるばかりでした。特に、Ａさんの娘さんは、私の誕生日に手作りのカードをくれた子でした。その子が私を嫌いで悩んでいるなどとは想像も出来ませんでした。

そんな私に、校長は、

「校長としては、担任を代えたくはない。しかし、これを読んだ鈴木先生が、自分の決断として、担任を希望しないと言うなら仕方ない。このことは内密です」

と言いました。立場上、保護者のクレームで担任を代えたという前例を作りたくない、さりとてこれを無視できない、という意図が感じられ、傷つきました。

「校長先生は、ここに書かれていることが事実だと思っていらっしゃるんですか」と詰め寄ると、

「私は、鈴木先生を信じたい。しかし、十数人の保護者がこう思ってしまっているのも事実だ。

このなかで、後一年担任としてやっていくのは大変ではないですか」

と言われました。

しかし、私には、十数人と言っても、中心はAさんで、それ以外の人は成り行きで署名しただけのような気がしていました。そのAさんも、誤解をしているのではないかと思いました。そこで、

「この内容は、事実と違うことや誤解がほとんどです。しかも、一部の保護者の要望を通すのはおかしいと思います。このクラスを持ち上がらせてください」

と頼みました。不当な訴えにこのまま屈するわけにはいかないという思いでいっぱいでした。

校長は、私の決心が固いのを知り、説得を諦めました。以後、同僚たちには何事もなかったかのように振る舞い、六年生に持ち上がりました。

持ち上がってから数カ月、春休みから始まる六年生の学年主任としての激務を、気丈にこなしながらも、神経性胃炎が続きました。教育相談を長年やってきた私にとって、子どもたちの誤解や保護者の動きに全く気づかなかったことは、屈辱的な出来事でした。また、今までは、保護者に苦情を言われた同僚のフォローをしてきた自分が、今度は言われる立場になったこともこたえました。姉妹のように仲良しで、今まで何でも相談し合ってきたF先生にも言えず、一人で苦しみました。今思うと、よく切り抜けたなと思います。

とにかく、事実ではないにしろ、誤解を与えるような言動や行動があったことは確かなので、二度と同様なことが起こらないように気を配ったつもりです。Aさんの娘さんを始めとした女子には、特

に気を付けて接していました。表面的に特に問題も起こらず、平穏に過ぎて行きましたが、気のせいかそれまでの六年生のときのように盛り上がりは感じられませんでした。F先生の前で、明るく振舞っていても、どこか負い目を感じている私がいました。

やっとの思いで一年を過ごし、卒業式を迎えたその日に、自分と保護者や子どもたちとの「感覚のずれ」「価値観のずれ」を突きつけられる出来事が起きました。それは、卒業式の服装の問題でした。

高学年を何回も持ち、卒業生を送り出してきたなかで、服装に対する子どもや保護者の意識が変わって来たことは実感していました。どうしてもルーズソックスを履きたがる女子、シャツを出したり、ズボンを下げて穿いたりしたがる男子に出会うたびにため息が出ました。奇抜な髪型を咎めると「お父さんが染めたんだ」と言われ、言葉を失ったこともありました。しかし、そのつど子どもたちと話し合い、学習に集中することの大切さを説明し、分かってもらってきました。また、普段は羽目を外した格好をして来る子も、さすがに卒業式には、儀式にふさわしい服装に整えてきました。

この日、E君が少し遅刻をして教室に入ってきたときには、思わず「えっ」と声を上げました。周りの子どもたちも唖然としている様子でした。E君が人生の節目の儀式の日に選んだ服装は、黒いマントと真っ赤なファスナー付きの上着だったからです。私やみんなの視線を感じたのか、E君は恥ずかしそうにうつむきました。

私は、胸花を付ける役目のG先生と一緒にE君と話し合い、その結果、E君はマントを脱いで卒業式に参加しました。

ところが、翌日、母親が校長室に「担任に強制的に脱がされた」と抗議に来ました。三人で話し合い、E君は納得して脱いだはずなのですが、校長に言われ、G先生と私はE君の家に出向き、謝罪しました。言いたいことはたくさんあったのですが、言い訳せずひたすら謝りました。同席していた祖母の取りなしで、その場は一応収まりましたが、母親は七月頃まで、時どき、校長室に来ては、抗議を繰り返していました。このことは、職員室でも話題になり、同僚が応援してくれたり、励ましてくれたりしました。しかし、こんな常識的なことが通らないのかと思うと、やるせない気持ちでいっぱいでした。この気持ちが落ち着くまでには、一年半以上かかりました。

次は、もう一度、高学年を受け持って、自分のやり方が間違っていなかったことを証明したいと思っていたのですが、校長に、

「高学年の教育実践の基礎は中学年だ。今年の経験を生かして、中学年で力を発揮してほしい」と説得され、三年生の担任になりました。六年生に比べると三年生は幼く、とてもかわいく感じました。

▽少人数担当者としての日々　　平成十四〜十六年　五十三〜五十五歳

無事に一年が過ぎ、当然持ち上がりだと思っていた私は、算数の少人数指導の担当になるように言われました。この年が初年度で、やり方もまだしっかり決まっておらず試行錯誤が予測されたので、

希望する人は誰もいませんでした。算数の研究をしている人が二人いましたが、校長には私が適任と説得されました。

三年生担任として、充実した一年を過ごし、前年度の傷もようやく癒えてきた私にとって、ここで少人数指導担当と言われることは、不本意でした。どんなに私が適任であるか言葉を並べられても、心の中に「もしかしたら、以前の保護者とのトラブルが原因でないか、学級担任を任せられないというのが本音ではないか」という思いがわき起こり、額のあたりがカーッとのぼせてきました。その様子を見た校長は、

「鈴木先生、返事は明日まで待ちましょう。今晩、家でゆっくり考えてきてください。でも、あなたが承知してくれないと次の人事が進みません。よろしくお願いします」

と言われました。校長室を出た私は、いつもはすぐに参加する職員室の同僚の会話が頭を通り過ぎ、話しかけられても上の空でした。

思い返すと、新卒で体育主任をして以来、学年主任、生活指導主任、研究主任と私はいつも学校の中心として活躍の場を与えられてきました。男性教師とペアを組むことが多い高学年を、学年主任として女性だけで受け持つよう頼まれたことも何度もありました。管理職に評価され、その期待に応えて来たという自信がありました。

また、進んで研修を受け、休日にも自費で研修会に出かけるなど、人一倍努力をしてきたつもりです。そのおかげで教育相談の手法を活用した教育実践は自校だけでなく対外的にも認められるように

なっていました。誰よりも夜遅くまで仕事をし家庭を顧みず、仕事中心の生活を送ってきました。

しかし、気がつくと職員室でまだワープロしか打てないのは私だけになっていました。同僚たちは、パソコンを取り入れた授業を普通にやり、それを聞いた子どもたちに

「先生、うちのクラスもパソコンやろうよ」

と催促されるようになりました。研修は受けても、普段使っていないとなかなか身に付きません。ついつい他のことでごまかしている自分がいました。学校の中心にいた私が、いつのまにか周辺に移っているような感じがしました。

学校も変革の嵐にさらされています。自己申告書やキャリアプランの提出を始めとして細かな指導計画の提出など、新卒の頃には考えられなかった事務仕事が増えました。同僚たちは、書類は全部パソコンですが私だけ未だに手書きです。残業しても休日出勤しても、家に仕事を持ち帰っても、仕事が追いつきません。教材研究や子どもたちとふれあう時間が減り、あの頃のようにやったという手応えが感じられなくなっています。

図書指導員、心の教室相談員、学習指導補助員など、さまざまな役割の人びとが学校現場に入ってくるようになりました。少人数指導も教育改革の一つです。

こうして考えてくると、自分の理想と教育現場の現実がどんどん離れ、何をしたいのか、何が出来るのか、分からなくなっている自分がいました。たくさんの同僚がいる職員室で自分だけが一人ぼっちのような孤独感を感じました。

仕事が手につかなかったので、この日は、早く帰りました。一晩考えて、引き受けることにしました。自分自身で納得したわけではありませんが、「あなたが承知してくれないと次の人事が進みません」という校長の言葉が脳裏にあり、「やっぱり持ち上がりたい」と言うことがためらわれました。いつの間にか、自分より学校全体を優先させる考え方が身に付いてしまったのかもしれません。校長はほっとした様子で、

「全学年を見渡し、その学年にあった援助ができるのは様々な主任を歴任してきた鈴木先生しかいないと思っていました。今まで培った教育相談の力を生かして、子どもたちだけでなく各担任もフォローして上げてください」

と、励まされました。

クラスを持たないという経験は初めてだったので、持ち上がれなかった教え子たちを見るたびに寂しさが募りました。しかし、いつまでも、くよくよしていては、子どもたちのためにも自分のためにもよくないと切り換えて、自分なりに工夫して取り組みました。

現在は、三年目に入り、算数の系統的な指導や毎時間違う集団との学習にも慣れ、それなりの成果も上がってきています。同僚からも感謝の言葉をもらうことが多くなりました。でも、自分自身は、来年、転勤したら、学級担任に戻って、教師としてのライフラインを終了したいと思っています。

■鈴木佐恵先生の事例から

鈴木佐恵先生は今まで学校組織のなかで大きな役割につき、バリバリやってきました。学校の教師チームのリーダー的な役割を占め、そのなかで力を発揮できている手ごたえが、鈴木先生の教職のやりがい感を支え、教師としてのアイデンティティを形成してきたのではないでしょうか。「校内の中心的存在の教師」「専門的な指導力の高い教師」「子どもに慕われている教師」です。

それが五十代に入ってすぐの、一部の保護者からの批判と、その後に結果として担任していた学級を持ち上がれず、少人数指導の担当教員に回されたことで、鈴木先生の教師としてのアイデンティティが大きく揺らぎ、崩壊しそうになっているのです。気丈な鈴木先生は、今までの教師としてのアイデンティティを取り戻そうと、躍起になっているのだと思います。そうでなければ今までどおりに教師としてやっていけない、という思いがあるのでしょう。

ただ、ベテランになるにつれ、子どもたち・保護者との意識のズレ（対応の仕方のズレ）は生じている可能性があります。また学校組織の中での位置づけ（年齢構成のバランス）もあり、やりたい役割と期待される役割にもズレが生じている可能性があります。そこに自分の気持ちとの折り合いをつけなければ、やりがい感を持って教師を続けていくことは難しいと思います。そこに鈴木先生の発達の問題があるのではないでしょうか。

第2節　すでに引退選手のような自分は……

川崎真一・仮名（小学校教員　四十七歳・男性）

〔自己紹介〕　私は四十七歳、教員歴二十三年の小学校教師です。東京の郊外にマイホームを建て、同じ小学校の教員をしている妻と中・高校生の二人の子どもと四人で暮らしています。自宅から歩いて五分くらいのところに私の両親が住んでいます。二人は至って元気で、いろいろ援助をしてもらっています。二十代、三十代は忙しくとも、若さがあったのか、教育実践に熱中していました。それがとてもおもしろく、生きがいになっていたのです。

しかし、四十代になって、それだけでは納得できない自分がいることに気がつきました。教育実践への慣れ、マンネリ感、自分ができることの限界の自覚でしょうか。そして管理職を目指しました。家庭生活も犠牲にして頑張りました。これを通過すれば、後半の人生の新しいスタートが切れるかもしれないという期待もありました。しかし、体を壊し、管理職になることを断念しました。

体調も今ひとつの状態で教育改革・学校現場の大きな変化に戸惑い、今までやってきた経験的技術が古いといわれるなかで、最悪の教師評価さえ受けなければいいやという感じで、何とかやっている日々です。教育について真剣に考えるのが、どこか疲れた感じです。

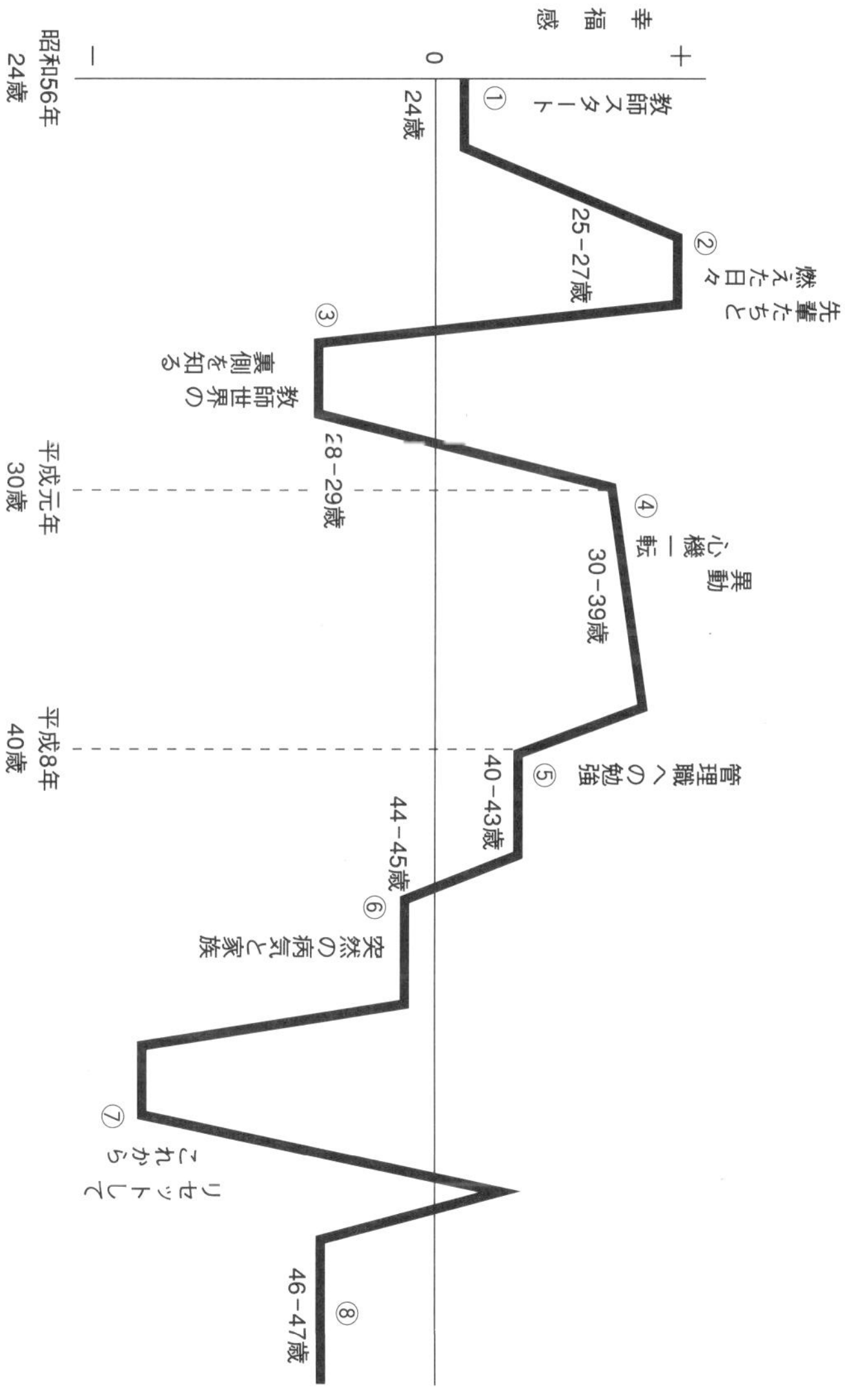

図　教師の心のライフライン・川崎真一（47歳）

▽郊外の学校で教師生活がスタート

昭和五十六年　二十四歳

初任の学校は東京西部の小さな市の一学年二クラスの小さな学校で、私は三年生の担任になりました。クラスの子どもたちは東京と言っても田舎の子と変わらず、騒がしく元気一杯な子どもたちでした。休み時間や放課後、暇があれば一緒にドッジボールをしたり、プロレスごっこをしていたら、男子を中心にすぐに打ち解けてきました。授業もへたくそで勝手もわからない私にとって、子どもたちとつながる唯一の方法は、子どもたちと徹底的にかかわることだと思っていました。

学級のトラブル、校務分掌でのミスはたくさんありましたが、学年主任のK先生を始め、周りの先生方が温かくフォローしてくれたので本当にありがたかったです。そして、東京郊外ののんびりした地域の小さな学校で、本当によかったと思いました。いろいろな行事が終わると必ず飲み会があり、この場でいろいろな先生方の話を聞けてとても楽しく、教師の社会はのんびりと楽しく、ある程度自分のやりたいことができて、とてもいいものだなと感じました。教職のやりがい感は「労働待遇への満足感」が大きく、学校ストレスは気になりませんでした。

▽若い先輩教師たちと燃えた日々

昭和五十七～五十九年　二十五～二十七歳

二年目もクラスは持ち上がり、学校にも大分慣れてきました。同じ学校の独身のB先生、C先生と仲良くなり、彼らと年がら年中一緒に活動するようになりました。アパートも近かったので、大学時代のサークル活動のような生活でした。このときの三年間はとても楽しかったです。

授業を互いに見せ合ったり、毎日のように居酒屋で教育論を熱く語ったり、いろいろな学校の実践を三人で検討して追試したりと、とても充実していました。休みの日も少年サッカーと少女ソフトボールの練習と試合に明け暮れ、終わると必ず一緒に飲んでいました。学校一色の三年間でした。教職のやりがい感は「子どもとの関わりと職場環境の満足感」がすべてでした。

もちろん学校ストレスはありました。「同僚教師との関わり」です。二年目になり、各先生の様子が見えてきたのです。代表的なのはいろいろな行事のときに新しい提案をすると、必ず水をさすベテランの先生方の存在です。いつも四時には帰宅してしまう五十代の先生方です。この方々が職場に三分の一おり、新たな取り組み、面倒な取り組みにはすべて反対し、いつも例年通りで押し通してしまうのです。職員会議ではいつも元気に発言され、しかし、実践では手を抜いているようなこれらの方に対して、将来、ああはなりたくない、と強く思ったものでした。

私生活では、地区の教員スポーツ大会、研修会、研究発表会のときにちょくちょく顔をあわせ、同期の隣の学校の女性教師と仲良くなり、付き合うようになりました。彼女も力いっぱい実践している教師で、いい刺激になりました。

子どもたちとは五年生のときにクラス替えがあり、私はまた持ち上がったので、クラスの二分の一は四年間の付き合いになりました。小さなトラブルは毎日のようにありましたが、子ども同士仲が良く、いろいろな行事や活動にクラス一丸で取り組んでいけたクラスでした。卒業式のときには涙、涙でした。彼らとはいまだにクラス会を年に一回やっています。

卒業式の一週間後、校長先生ご夫妻の仲人で、彼女と結婚式を挙げました。卒業した子どもたちやB、C、K先生たちにとても祝福してもらいました。とても幸せな日々でした。

▽教師世界の裏を知る・特別支援教育？

昭和六十～六十一年　二十八～二十九歳

次の年、私の生活は一変しました。結婚生活もそうですが、B、C先生が異動され、かつ私の実践を陰で応援してくれていた校長先生も移動されたのです。あと、数人の教師も異動し、なんと職場の三分の一の教師が入れ替わったのです。この影響は大きく、学校は新しい学校になったようでした。

特に、新校長と同じ学校から異動してきて教務主任になったD先生のリーダーシップに、私はどうもついていけない感じでした。派閥みたいなものを形成し、自分たちでいろいろな原案を作り、職員会議も根回ししてその案をどんどん通してしまうのです。学校はすっかり新校長のいた前の学校のシステムに変わってしまいました。

私も、サッカーチームやソフトボールの活動は個人的なものだからと非常に制限されました。みんなが嫌がる日曜日に行われる市民体育大会関係の仕事、仕事量の多い体育主任は、若いという理由で、当然のように私の役目になりました。今まではB、C先生が手伝ってくれたのですが、ほとんど一人でやらなくてはならなかったこの時期は、とても厳しいものでした。

担任は三年生で、生徒指導全体会でずっと取り上げられていたADHDの疑いのある（今考えるとですが）A男を受け持つことになり、身の引き締まる思いでした。A男はとても衝動的で、かつ、ものすごく攻撃的な子どもで、トラブルの発生は日常茶飯事でした。実はこのクラスの担任はずっとなり手がなく、結局、若い私なら、他の教師も気兼ねなく援助しやすいからという理由で、半分押し付けられたような感じでした。

担任をしてみると、その行動はすさまじく、授業中は激しく騒ぎまわり、周りの子に暴力を振るう、物を投げつける、つばを吐くなど、ほとんどじっとしていられない状態でした。とくに自分の思い通りにならないと、興奮状態はものすごく高まるのです。教室を飛び出すことも頻繁で、しかし、そのようなとき、空き時間で職員室にいるベテランの方々はほとんど我関せずの体でした。毎日、走り回っているような状態でした。放課後もA男のトラブルで頻繁に学校に連絡が入り、その対応に追われました。学年主任は新校長と一緒に異動してきた四十代後半の女性のE先生で、学年の協調が口癖で、結局、学年主任の私の言うとおりにしなさい、という感じの方でした。私の学級経営にもかなり干渉してきて、A男の問題もあり、とてもつらい状態でした。職員室では、学習院？の一組、動物園？の二組と噂されていたようです。しかし、休み時間も職員室に下りることもできず、悪戦苦闘していました。「難しい児童・生徒への対応」「同僚教師との関わり」の学校ストレスが二つ重なったことで、初めて学校に行くのが辛いと思いました。

ただ、同じ教員をしている妻が愚痴を聞いてくれ励ましてくれたことと、卒業させた子どもたちの弟や妹も結構いて、保護者も顔見知りが多かったので、たくさんの協力が得られたのが救いでした。夏休みからA男に関連する症例の本を読んだり、可能な限り研修会に参加しました。まだまだ勉強が足りないととても感じました。同じ学校には新採用の教師は六年間しかいられないので、意地でも次の年も持ち上がり、この二年間は徹底的に勉強しようと思いました。二年目は少しA男の対応にも慣れ、他の子どもたちにも多く関われるようになったことがうれしかったです。やはり、子どもとの関わりが一番だなと思いました。離任式では「行かないで」と泣きついてきたA男を見て、教師という仕事はやはりいいなと、心から思いました。

しかし、新年度のA男のクラスの担任のなり手がなく、結局新しく異動して来た教師に押し付けた形になったのを知って、教師の世界の醜さを改めて感じました。民主的といわれる教師の世界では、管理職といえども一般教師に対して強いリーダーシップを発揮することもできず、もはややる気を失ったとしか思えない過半数を占める中高年の教師たちが、なあなあで物事を進めていくようなところがあります。楽をしようと思ったら、かなりできてしまうのが、教師の世界だなと思いました。同じ学校の教師たちの仕事量がかなり違うのです。楽な学年の担任、仕事量の少ない校務分掌は確実にあり、それらは特定の教師たちが独占的に担当しているような状態だからです。

昭和六十二〜平成八年　三十〜三十九歳

▽異動して心機一転充実の日々

都心に近い区部の学校に異動しました。赴任した小学校は、駅から徒歩五分の閑静な住宅地にあり、校区の南側は高級住宅地、駅をはさんで北側はマンション群、西側は小さな住宅と都営団地を抱えた学校でした。一学年三クラス児童数六百人強の中規模校です。保護者もある程度の所得と高学歴の方が多く、学校にも教師にも手ごわい存在です。卒業生の三分の一は国立・私立の中学校に進学するような、教育熱の高い地域です。

都や区の研究指定校になる率の高い学校で、三十代、四十代のこだわった実践を行なっている教師が過半数でした。夕方も残っている教師は多く、同じ学校でも前の学校とはかなり違うなと、最初は軽いカルチャーショックを受けましたが、刺激も多そうでかなりやる気が喚起されました。

担任は高学年中心に担任し、校務分掌は体育関係と研究推進委員会を担当しました。積極的に動く若手と中堅が多く、主任もローテーションがうまくいっており、特定の個人に偏ることがなく、ある程度余裕を持って取り組むことができました。また、いろいろなことに挑戦する雰囲気があり、忙しくてもやりがいがありました。研究授業もローテーションで取り組み、工夫が生かされた授業などを参観し、とても参考になりました。前の学校では、若い私がほとんど授業担当者で、ベテランの教師の方々が指導主事のように上から指導するようなコメントをしてくれましたが、経験論や精神論が多くあまり参考になりませんでした。しかし、この学校では直接実践の向上につながる具体的な発言が多く、納得させられることが多かったです。さすが、やりなれている方々が多いという感じでした。

研究授業の後や大きな行事の後の飲み会は、有意義な話し合いがあり、楽しかったです。最後の二年間は体育の研究指定校で、研究推進委員長をやり、毎日遅くまで話し合い、準備したりと結構燃えていました。発表当日も二百人近くの参加者が来てくれ、研究仲間や顔見知りの指導主事から賞賛を受け、少し得意な感じでした。この頃の私の教職のやりがい感は、「子どもとの関わりと職場環境の満足感」「対外的な評価への満足感」が大きかったと思います。

このような学校の影響と、学校の交通の便がよかったので、さまざまな外部の研究会や研修会に積極的に参加し、多くのことを学ぶことができたと思います。教育実践に関する本も定期的に買って読破していきました。今までの自己満足的な実践を反省させられることが多く、教育実践のおもしろさと難しさを、より感じることができました。

学校ストレスは全くなかったわけではなく、保護者の方の期待や要望は高く、かつ、その表明もかなりストレートです。中途半端な実践、やっつけ仕事には手厳しい批判があり、最初はかなり戸惑いました。知的に障害を抱えた子どもを担当したときなど、その保護者の方からの特別な強い要望（この方は特殊学級在籍を拒否していました）にはかなり苦労しました。同時に、特定の子どもにばかり手をかけていて、他の子どもの学習指導は大丈夫なのかという他の保護者からの手厳しい指摘など、前の学校ではなかったことでした。

子どもも自己中心的な子どもが多く、遅くまで塾に通っている場合がほとんどで、イライラしている、他の子どもに関心が少ない、という子が珍しくありませんでした。子どもとの関係作りは、あきらめず、徐々にじっくりと、ということを学びました。単に体を動かして遊ぶというワンパターンは通用しない、という苦い経験もしました。

しかし、ていねいに確実な実践を継続すれば、子どもも保護者も納得しくれる、ということは確信しました。東京の都心部の子どもや保護者は、先生というだけで最初から教師に信頼を寄せる場合は少ない、信頼はゼロから勝ち取っていくものだ、ということです。信頼関係ができれば、東京も地方もないと思います。ただ、最初のハードルが高いというのは事実かもしれません。

この時期の大きな特徴は、やはり子育てです。長男と長女の子育てと仕事の両立の厳しさを実感しました。特に教員との両立は妻が厳しかっただろうと思います。保育園の送り迎えが、学校の勤務に響き、今までのように仕事があるからと自由に遅くまで学校にいるわけにはいかなくなりました。曜日を決めて順番に担当したりして、自転車操業でやりくりしていました。学級の子どもたちのノート点検・テストの丸つけは、家で深夜にやるようになり、大きなリュックで通勤するようになりました。家のカレンダーは細かいスケジュールの書き込みで、いつも真っ黒でした。

また、長男は風邪を引きやすく、頻繁に保育園から呼び出しがあり、そのつど授業のやり繰りを焦ってやっていました。週末は、家で突然の呼び出しに備えてのプリント作り、学校の校務分掌の仕事をやるのが普通になりました。毎日睡眠不足でしたが、私も妻も若く健康だったことと、近所に住んでいた私の両親の援助があったからこそ、この時期を乗り切れたと思います。

そんななかでも、夏休みは長い休みを利用して、家族四人と私と妻の両親の計八人で、日本全国を旅行しました。大きなワゴン車を買って、のんびり旅しました。運転とビデオ係りで大変でしたが、満ち足りた思いで一杯でした。教職のやりがい感の「労働待遇への満足感」をとても感じました。

▽管理職勉強会中心の日々

平成九〜十二年　四十〜四十三歳

前任校では自分なりにある程度納得できる実践ができたと満足しています。六年生を卒業させ、研究指定校の発表も委員長として無事成し遂げ、区切りがよかったので、三地区目の区部の学校に異動しました。この学校も教育・研究に熱心な学校で、現校長に強く誘われた形でした。

私も四十歳になり、職場の管理職や大学の先輩方から、管理職試験の勉強会に参加し、管理職を目指すことを強く勧められるようになりました。前任校では、子育てに忙しいし、まだ直接子どもたちと関わって実践を続けたいと思っていたので、勉強会には参加していませんでした。しかし、異動を契機に、自分の勉強にもなるからと大学時代の友人にも勧められ、参加することになりました。

心のどこかには、一つの学校の教育活動全般のリーダーシップを取ってみたい、という思いがありました。私なりの教育実践に対する思いもありましたので。管理職として学校教育に大きく関わることは、よりやりがいがあると思ったのです。

管理職試験の勉強会は、教頭試験への傾向と対策で、校長会の先生方を講師に迎えた具体的な内容でした。随所にその校長先生の人生観、教育観も伺うことができて、それなりに面白いものでした。

職場では、主に高学年担任、生活指導主任を担当し、管理職の学校全体の運営の力になれるように努めました。日頃の言動、職員会議での発言も、自然と管理職寄りになっていたと思います。校長先生に呼んでもらい、異動を機会に、強いてそうしようとしていた面もあります。若い頃、そういう教師たちに一種の偏見を持っていました。管理職の取り巻き、ひらめ、のような行動にです。しかし、この時期は組織を運営するうえで、このような役割は不可欠なのかなと思うようになりました。

ただ、自分の教育実践に対しては、若い教師たちに一目置かれるような、しっかりしたものにしなくてはと考え、日々の授業の準備も、子どもたちへのつながりも日記指導などでマメに行いました。しかし、従来のように頑張ったほど手ごたえはなく、自分の経験が現代の子どもたちとずれてきたのかな、という焦りを少しずつ感じていました。

学校の子どもたちも、私から見ると、少し「子どもたちとなれあい」ではないかと感じるような、三十代前半の教師たちに人気が集まっていました。彼らの対応や実践に学ぶものがあるのかなと思う反面、学級経営のあいまいさ、授業のなかの遊びの多さに、「少し違うな」と否定する気持ちのほうが大きかったです。自分の今までの実践を、よりしっかりやらなければと思いました。

日々の教育実践と学校全体の生徒指導への対応、管理職試験の勉強とそれに伴う人間関係への対応などで、毎日、八時、九時くらいまで学校にいました。自分の長男と長女が少し手がかからなくなったことと、私の両親の支援があったことが幸いでした。

この頃の私の教職のやりがい感は「対外的な評価への満足感」が強かったと思います。地域の教育委員会や管理職の先生方から声をかけられ、実践を認められるのが正直うれしかったです。同じ仕事を二十年近くやっていると、一つひとつの実践に新鮮味が薄れ、「子どもとの関わりと職場環境の満足感」だけでは、自分を納得させるのには不充分だったのです。強く自分の存在を感じたい、管理職になるということは、それが対外的な形として周りに示され、そのことをもって、自分も、自分の存在、生き方に納得できるようになると思ったのです。

この時期、私の付き合いの中心は、管理職勉強会の人たちでした。よく飲む周りの人びとが同じ志向の人ばかりだと、安心するとともに、だんだんと自分の考え方も影響を受けているのかもしれません。教師をやっている妻からも、「あなたはだんだん変わってきた」と言われることが多くなりました。だからといって反対するでもなく、大学時代の先輩や同期が、管理職を目指すようになっているのを見て、男は年をとると肩書きや役割がないとやっていけないのかしらと、他人事のように言うこともよくありました。私にとってこのような妻の様子が、とても楽で助かりました。

ただ、妻をはじめとして、家族にはかなり負担を強いていたかもしれません。家族旅行に行くことも、かなり減ってきましたし、夕食を一緒に食べることも週に一回位になってしまいました。

この時期の学校ストレスは、「気がすすまない仕事への取り組み」「日常のルーティンワーク」です。生活指導主任として、校内のいろいろな問題に関わり、その仕事量は物凄いものでした。保護者からのクレームを、夜二時間にわたり、担任教師と一緒に面接して対応する、学級崩壊しているクラスに定期的に授業に行く、その教師のサポートチームのリーダーとして、さまざまな配慮、対応をする。地域のPTAの会の学校側の事務的な面を処理するなど、同じような小さな仕事が山積していました。教頭さんの仕事も結構手伝っていました。

この頃から、教育改革が進み始め、新しい教育実践に対応するための準備や、それにともなう書類、さまざまな報告書の提出が驚くほど増えてきたのです。

このような多忙な四年間が過ぎました。この頃から酒の会だけではなく、一人で夜飲む習慣もできてしまいました。どこかでストレスが蓄積されていたのかもしれません。しかし、こういう時期を管理職を目指す教師はみんな通るのだと、自分を納得させていた面がありました。

▽突然の病気で　平成十三〜十四年　四十四〜四十五歳

四回目の教頭試験も不合格でしたが、あと一、二年後くらいかなと考えていたのでそんなにショックもなく、十一月の学校公開の研究発表会に向けて、忙しく活動していました。今回も研究推進委員長を務め、能力別の個別学習のプログラム作成、教材作り、学校全体の指導案の検討など、中心になって取り組んでいました。自分はこういうのが好きで、夜遅くまででも苦になりませんでした。いよいよあと一カ月前という十月の中旬頃から仕事量も増え、最後の追い込みに入ったのですが、どうも疲れがひどく、それも日々累積していくようで、とてもしんどい状態になってしまいました。発表会のちょうど一週間前、どうしようもなく体がだるくなったので、思い切って午後休暇をもらい、医者に行きました。診断結果は少し深刻でした。肝臓がかなり悪く、黄疸も出ていたのです。すぐに入院しなさいという医者の勧めを、七日間待ってもらい、研究発表会が終わったあとに入院することになりました。発表会当日の研究報告や、全体の進行の責任者という役割があったからです。

研究発表会は多くの教師たちに助けられ、無事、終了しました。内容には納得でき、私もうれしかったです。その日は、重い体を押して打ち上げにも参加しました。同僚から、少し仕事のし過ぎではないかと心配され、年配の先生方からは仕事だけでは人生つまらないよとたしなめられました。そのときは、終わった安心感のみで、ただただ笑って過ごしていました。

次の日から、生まれて初めての長い入院生活が始まりました。結局、翌年の三月末まで四カ月入院しました。多くの検査を受け、本格的な治療が始まる頃には、すっかり病人状態でした。体のだるさはしばらく続き、一日中ほとんどベットで寝ている状態でした。

定期的に祖父母が見舞いに来てくれました。妻は勤務校の仕事がとても忙しいようでした。年齢的にも主任になり、子どもも中・高校生になり、手もかからなくなってきたので、熱心に仕事に取り組んでいました。子どもたちも部活動が忙しいらしく、めったに病室にくることもありませんでした。

自分が家庭を顧みることもなく、忙しく仕事にのめりこんでいる間に、家族もそれぞれの生活のペースができていたようです。その現実を知り、とても寂しいものを感じました。

二カ月目からは体もだいぶ楽になり、治療も点滴が中心でしたので、読書をしたり、いろいろ考え事をしたりして過ごすようになりました。三十歳を過ぎた頃から、ずっと忙しく生活していたので、自分の生き方を見つめ直すいい機会になりました。退院しても無理が利かない体で、規則正しい生活をする必要があることを医者から言われていたので、今後の人生、残り十五年の教員生活をどのように過ごすべきなのかを、自分なりにじっくり考えました。

幸い、同室に年齢の近い同じ病気の企業の方がいたので、彼とよく話しました。企業の彼は、今後は子会社に行かされるだろうとかなり悲観的でした。このときほど自分が公務員でよかったと思ったことはありません。少なくとも、リストラされることはないからです。病気になる前までは、教職のやりがい感の中心は、「子どもとの関わりと職場環境の満足感」「対外的な評価への満足感」「働く内容への満足感」が主でしたが、それらは「労働待遇への満足感」に支えられていることを痛感しました。

同時に家族たちとの関わりも、考えていかなければならないと思いました。小学校卒業の頃の娘が、「私は前の学校のとき（管理職試験の勉強を始める前）のお父さんのほうが好きだな」とぽつんと漏らしたことを思い出しました。そのとき、「年を取っても普通の先生でいいのか」と訊くと、「いい先生かどうかは、校長先生か普通の先生かではなくて、生徒を大事にしてくれる先生かどうかだと思うよ」と娘が答えるのを聞いて、ハッとしたのです。さらに、「今の学校に移ってから、お父さんは自分のクラスの子どもたちの話をあまりしなくなったよ」と言われたのでした。そのときの娘の言葉が思い出されてなりませんでした。

その後しばらくの間、今後どのような教員生活を送ろうかと、一人真剣に考えました。なぜ自分は管理職になりたかったのか。管理職になることは、自分にとってどのような意味があるのだろうか。自分を納得させる明確な答えは見つかりませんでした。

ただ、教員生活が二十年も続くと、子どもたちと関わることに、若い頃のようなワクワクとした喜びは見出せず、逆に、現在の子どもたちの様子を見ていると、体当たりでぶつかっていこうという意欲が湧いてこない自分を、どこかで感じていました。若い教師たちが子どもたちのことで一喜一憂している姿を見たときなど、その思いは強くなりました。管理職という自分の立場、役割が変わることによって、教師という仕事に新たなやりがい、一つの学校教育全体のリーダーシップをとる喜びが得られるのではないかという期待がありました。もちろん、平教師と比べれば管理職ということで、対外的評価も高まる、そのことで自己満足も高くなるのではないかと考えたのも事実です。

若い頃、五十代の平教師で尊敬に値するような熱い実践を続けていた男の教師は少ない、いや、ほとんどの教師が惰性で教職を続けていたような状態を見てきたので、自分はああはなりたくないという思いがありました。自分が強い意志をもって実践に取り組めば、そのようなことにはならないではないか、と言われればそれまでですが、この先そのような意欲を持続できるような自信がもてないのです。「子どもとの関わりと職場環境の満足感」「働く内容への満足感」が見えなくなっており、教職のやりがい感が著しく低下するなかで、「対外的な評価への満足感」で教職のやりがい感を喚起したいと思っていたのかもしれません。

退院してから少し自宅静養し、次の年度から復帰しました。大きな校務分掌の仕事はほとんど免除してもらい、担任も中学年を担当させてもらいました。管理職試験の勉強会にも参加することをやめました。校長先生からは、体が良くなったらまた挑戦するようにと励ましてもらいましたが、曖昧な返事しかできませんでした。

この学校での最後の一年は、リハビリのような一年でしたが、学校現場は教育改革がどんどん進み、教師評価も導入され、その大きな変化に戸惑いながらも遅れないようについていく、という状態でした。自分の体のこと、月一回定期健診で休暇をとらざるを得ない状態を考えると、言われたことを、義務付けられている提出書類を確実にこなしていくというだけで精一杯な状態でした。わずか一年で、学校現場から大きく取り残されてしまった自分を感じました。

▽リセットしてこれから　平成十五～十六年　四十六～四十七歳

前の学校にずっとお荷物のようになっているのも辛く、自宅から三十分くらいで通勤できる市の学校に異動しました。主幹にならないかと言われましたが、体調のことを考えて断わりました。中学年を担当し、校務分掌も主任を免除してもらいました。毎日規則正しく勤務し、まっすぐ家に帰る今日この頃です。早く帰っても、一人居間でボーッとテレビを見ていることが多いのですが。妻も子どもたちも帰りが遅く、夕食のちょっとした準備をするのが、私にできることなのです。

教師に対する管理や評価はますます強化され、管理職の権限はどんどん強化されていきます。東京の学校が急激に変化していくのを実感として感じています。教頭になった友人に聞くと、管理職の仕事もかなり厳しそうです。会えば必ず愚痴をたっぷりと聞かされます。ただ、忙しいと言いながらいろいろなことに意欲的に取り組んでいる彼を見ると、少しうらやましい気もします。彼には、「僕は平でのんきにやっていくよ」と笑って答えましたが、教育現場の末端の平教師も大変な時代になってきました。かなり辛い状況です。

何が辛いかといえば、わずか五、六年の間に勤務条件が大変厳しくなり、中年以上にはこたえます。また、新しい教育政策もどんどん導入され、それに振り回されている感じです。若いときだったら意欲的に乗り切ったかもしれませんが、今の年ではこなしていくだけで一杯という状態です。今までの経験則を直接活用できず、だんだんと言われたことだけを効率よくこなしていこうという状態になりがちです。教育実践を工夫していこうという余裕がとても持てないのです。

学校ストレスは、「難しい児童・生徒への対応」「気がすすまない仕事への取り組み」「日常のルーティンワーク」です。この三つが絡まりあって、大きなストレスになっています。書類書きがやたらに増加し、多くの関わりを必要としている現代の子どもたちに対して、じっくり関わる時間も取れないのです。おもしろいことに、学校にのめり込まなくなると、同僚との人間関係のストレスも弱まりました。同僚とそれほど親身に深く関わらなくなったということでしょうか。どこか寂しい感じもしますが。今は用がないときは、すぐに家に帰り、学校で何かをするということがとても減りました。学校への拘束が強まったぶん、教員全体にそういう傾向がでてきたのか、この学校がそんな雰囲気なのかはわかりませんが。

家のローンもあと十年残っていますし、わが子もこれから高校、大学という進学を控え、教育費も準備しなければなりません。現在の教職のやりがい感は、「労働待遇への満足感」でしょうか。やはり厳しいといっても民間の企業と比べれば、公務員ということで、まだまだ安定しているといえるでしょう。特に病気を抱え無理のできない私には、有り難いことです。

ふと、現在の私は、若い教師から見ると、私が昔嫌悪していたベテラン教師然となっているのかなと考えると、自分が寂しくもなってきます。当時のベテランの先生が、若い私をたしなめるように「君も俺の年になればわかるよ」と寂しく笑っていたのを思い出します。

最近の趣味は、週末、家の近くを昨年買った犬を連れてゆっくり散歩をすることと、再び読み始めた歴史小説をゆっくり読むことです。そのときの歴史や地理的なものを調べては、丹念に読んでいます。ただ、それを教材に結び付けようというかつての意欲はありません。

あと十年ちょっと教員生活は続きますが、このような感じで過ぎていくのかも知れません。教師として、私はすでに引退選手だといえるのでしょうか。若い先生方のがんばりに水を差すような存在にだけはなりたくないなと思います。

■川崎真一先生の事例から

二十代、三十代の川崎真一先生は、意欲の高い同世代の同僚や研究指定校の学校の雰囲気にもまれ、教育実践での試行錯誤を積極的に行い、そこに教職のやりがい感も強く感じ、教師としての指導行動のタイプ、教師としてのアイデンティティを形成してきたのではないでしょうか。「きっちりした教育実践をする教師」「前向きな実践をする教師」「校内の中心的存在として活躍する教師」です。

四十代に入り、今までのような教育実践への取り組みに従来のようなやりがい感を感じることが少なくなり、それを埋めるように「校内の中心的存在として活躍する教師」の側面に比重が高まり、その延長線上に管理職になる、という思いが高まってきたのではないでしょうか。

病気をきっかけに管理職になることを結果的に断念したとき、今までの教師としてのアイデンティティが大きく崩れてしまったのではないでしょうか。そして、今までの教師としてのアイデンティティを修正し、再統合した新たな教師としてのアイデンティティを形成できないなかで、大きな教育改革の波にさらされて、自信を失い、教職に対する意欲もかなり小さなものになってしまっているのだと思います。

川崎先生自身の人生においても、今の状況は寂しいものではないでしょうか。この背景に先生自身の発達の問題があるのではないでしょうか。

第3節　変化を受け入れられない、対応できない、中堅・ベテラン教師の心理

近年は、まじめで熱心な中堅・ベテラン教師が、教育現場に起こった「教育実践環境の変化」「期待される教育内容・活動の変化」「勤務条件の変化」、の三つの変化の波に一番翻弄されていると思います。変わってきた学校現場と、変われない自分自身とのギャップが最も大きいからです。そして、変われないところに、中高年の人間の発達心理の問題・アイデンティティの再統合の問題があるのです。

アイデンティティの再統合の問題とは、次のような内容です。

若い時期に職業を得、その職業に習熟し、社会に根づき、家庭を築くなど、対外的な営みから確立してきたアイデンティティを、加齢に伴う体力、新しいことを学習する能力の低下、加齢に伴う役割（主任や委員長の役割を努める）の変化に直面し、今までのやり方、考え方、自分像では対応できないという状況の自覚から始まります。直球で押してきた若手ピッチャーが、年とともに球速が低下し、直球だけでは通用しなくなってきたような状況の自覚です。

まさに人生のターニングポイントの自覚です。

そして、変化に折り合いをつけて、これから残りの人生をより自分らしく生きるために、新たなやり方・考え方を大きく取り入れ、今までのものとうまく統合していくことです。そのプロセスで、今

の自分に無理のない、新たな、より自分らしい生き方（やり方、考え方）、アイデンティティを再確立できるのです。

アイデンティティの再統合は、人をより自己の内面に注目させ、人間としての幅、深みをもたらすともいえるでしょう。エースとして注目されなくても、チームの要としてかけがえのない存在、さりげなく若手を支えられる頼りになる先輩、そういう存在もいいな、という新たなアイデンティティの確立です。アイデンティティの再統合の問題とは、説明を聞けば簡単そうですが、実際はとても難しいもので、私もその年齢になり、実感して（現在進行形）います。

学校現場でも、自分の周りでも、この問題にうまく対処できなくて、不全感に苛まれている人は多いと思います。事例で紹介した川崎先生が、「将来ああなりたくない」と嫌悪した、若い時期に出会ったベテランの教師たちは、まさに不全感に苛まれている方々だったのかもしれません。自分の経験則を押し付ける、新たな発想、取り組みを頭から否定する、などの先生方です。

▽現在の中堅・ベテラン教師の置かれている厳しい状況

事例を読めばおわかりのとおり、三十代まで、お二人の先生はさまざまな試行錯誤・試練を乗り越え、自分なりの教育実践のやり方、教師としてのアイデンティティを確立してきました。そのプロセスは、各先生ともこれだけの紙面では語りつくせないほどの経験、かけがえのないものだったと思います。

そして、その経験に裏打ちされた自分なりの教育技術、教師としての自分に、声高には言わなくても、ひそかな誇りと自信を持ち、校内でもそれなりの評価を得て、教師としての自分の存在を支えていたのです。もちろん、教育に対する考え方、価値観も確固たるものをつかんだのだと思います。

従来（中堅・ベテラン教師が若かったときの先輩たち）ならば、これらの教職経験から獲得した教育技術や教育実践の考え方、教師としてのあり方を、時間的にもゆとりのあった職場のなかで、後輩たちに指導・伝達することで、自分の新たな役割、存在意義を、徐々に自覚できたのではないでしょうか。

しかし、教育現場に起こった三つの大きな変化は、中堅・ベテラン教師のこれまでの経験に裏打ちされた教育技術、教育に対する考え方を、現状には合わない過去の経験則として、急速にその価値を低下させてしまったのです。じっくり傾聴される状況がなくなりました。

現在の東京の中堅・ベテラン教師は、加齢が原因の今までのやり方・考え方の修正だけではなく、大きな変革を迫られる状況になったのです。それは待ったなしで、現在の仕事の継続にも大きな影響を与えているほどです。

「ベテラン教師は、最近の生徒の心が理解できない」

「ベテラン教師ほど学級崩壊が多い」

このように言われがちな現状のなかでは、若手教師は、中堅・ベテラン教師の経験に裏打ちされた教育技術、教育に対する考え方を尊重せず、彼らから真摯に学ぼうという意識は低下しがちになります。退職された教師の辛かったことの話のなかに、「若手教師たちから軽んじられた」というのをよく聞きますが、変化が大きい現場では、学校でも、企業でも、同じことが起こるのです。

つまり、教育現場に起こった三つの大きな変化は、中堅・ベテラン教師のこれまでの経験、彼らそのものを、強く否定する形で作用しているのです。それを受け入れることは、とても辛く、難しいものです。一時、自分そのものを失う不安に襲われるからです。

事例の鈴木先生（保護者からの担任交代の要求に遭遇した）は、このような出来事に突然襲われたのではないでしょうか。神経性胃炎が長い間続いた、と報告されていますが、無理もないことだと思います。それは単に保護者に批判されたショックだけではなく、今までの自分、自分の実践を否定されたショックだからだと思います。

結局、鈴木先生は、状況の変化に応じて自分のやり方、教師としてのあり方を変容させるのではなく、今までの自分を意識して維持していくことで、やっと自分を支えていたのではないでしょうか。しかし、残念ながら、学級担任に復帰することには、彼女の思い以上に大きな壁があるのかもしれません。

第2章で紹介した、退職した元中学校教諭、元高校教諭の二人の先生も、それを受け入れることよりも退職を選択した側面があると思います。

また、変化を受け入れられず退職しないまでも、変化を仕方がないものと受け入れざるをえず、かといって、アイデンティティの再統合ができなかった先生方は、その後の教師生活に大きな暗い影を落とすことになるのです。代表的な二つのタイプがあります。

▽中堅・ベテラン教師の充実・成長と停滞の分岐点とは

人間も四十代前後になると、肉体の老化、子どもの成長（手がかからなくなる・以前より必要とされなくなる）を実感しながら、自分の人生も折り返し地点にきたな、後半戦にきたなと感じるものです。つまりこの時期は、人生の心理的折り返し地点として重要な時期なのです。マラソンランナーが、折り返しの中間地点で、自分のタイムを確認するような、そんな時期なのです。

スタート時に持っていた夢、それが二十年近く走ってきた中間地点で、もう一度クローズアップされてくるのです。こういう教師になりたいと夢を持っていた新人時代、しかし二十年たった今、自分はそのような教師に近づけているのだろうか、という現実を直視することになります。スタート時にもっていた夢を、現実の前でもう一度自分なりに吟味することになるのです。

この時期の選択が、その後の中堅・ベテラン教師の生き方の分岐点になるのです。教師が取りがちな、あるいは結果として取ってしまう代表的なものは、次の三つです。

①自尊感情の低下から無気力へ

若いときと同じようにまじめに実践に取り組むのですが、従来のような手応え、成果が得られず、徐々に自分はもうだめなんだと落ち込んでいくタイプです。

もう若い頃のような体当たりの実践はできない、校務分掌で責任の大きい仕事が増えて、子どもとの対応に割く時間が減ったから、もう教育現場最前線の教師としての自分は終わりかな、と寂しくあきらめていくのです。

自分でも納得できず、対外的にも評価が得られないことが何回か続くうちに、徐々に自分に自信を失い、やればなんとかなるという自己効力感が低下し、その結果、自尊感情も低くなり、物事に対しての前向きな姿勢、積極性がなくなり、無気力になっていきます。強い不全感や学校ストレスを紛らわすために、ついついお酒を飲んでしまうというのもこのタイプの方々です。

陰に隠れるように、学級担任になること、責任の重い、仕事量の多い校務分掌を避けるようになり、徐々に戦力外のような存在になり、自他共に寂しい状況に陥っていきます。

②現実逃避から職場の持て余し者へ

今までのやり方では対応できないことが続き、自信を喪失する前に、若いときから今まで充分やってきたので、「バリバリ働くのはもう卒業だ」とばかりに、目の前の厳しい状況に向かい合うことを避け、勝手に引退選手のように、責任の重い、仕事量の多い校務分掌を避け、周りにお気楽なように振る舞い、趣味に没頭したりするタイプです。

自分の状況を真摯に省みることが少なく、マイナスの状況は他者の責任にして、自分を強引に正当化することが多いので、若手の同僚などは鼻白んでしまいます。ある意味開き直って周りの同僚に仕事を押し付けることになるので、徐々に職場の持て余し者のようになってしまいます。一番辛いのは、そのような状況を誰も伝えてくれなくなることではないでしょうか。職員室で元気よく高説を論じていて、ふと気がついてみると周りに誰もいなくなっている、そんな状況です。

③この年になって初めてできることがある、その新たな夢に気がついて、今までの夢の方向を軌道修正して、マイベストで教育実践に打ち込んでいくというタイプです。

中堅・ベテラン教師自身の、自らの人間としての発達（成人期中期）を促進し、精神的健康度が高まるのは③の選択です。心理学でいうと③の状態は、中年期以降の人が、加齢に伴う体力の低下、職場・家庭における役割の変化のなかで、従来持っていたアイデンティティを修正し、自らのアイデンティティを再統合した状態なのです。

①②は、再統合できず、あとは失速したり、精神的健康度が低下してしまうパターンです。①は停滞であり、②は自己耽溺です。

中堅・ベテラン教師が、③のアイデンティティの再統合をするためには、従来持っていたアイデンティティを現実の中で軌道修正しようと思えるようになるには、何が必要なのでしょうか。

まず、体力や能力のピークを過ぎたと感じられる四十代以降において、「まだ自分の存在にも意味がある」と、自覚できるかどうかが大事になります。そこには、四十代以降に見る夢には、若いときに見ていた夢と連続性がありながらも、まったく同じ次元では無理が生じてしまいます。より多次元の構造が求められると思います。

若いときの夢は、「私はどのような人間になるのか」という一元的な自分探しの問いが背景にある、個人的なものが多くなります。それも、実現する可能性の薄い夢も含めて、あれもこれもとたくさん同時に追いかけることが多くなります。

しかし、人生の有限性を感じ、残りの人生の期間が具体的に自覚されてきたとき、後半の人生では「〇〇をしたい」ということが明確に自覚されてくるのです。あれもこれもではなく、他にやりたい夢はあきらめてでも「これだけはやりたい」、現実に照らして残りの期間をより自分らしく生きたい、という実感が伴ってくるのです。

・肩書き、対外的な評価ではなく、意味のある教育実践を地道にしていきたい
・自分の生き方をこめたような教育実践をしていきたい

などです。

そして、そのような自分の夢は、単に自分個人の私的願いだけではなく、そのなかに周りの人びとの幸福、次の世代にもプラスになるという面が色濃く入っていることが必要になります。自分にも意味があって納得いくことで、それが同時に若い世代のプラスにつながる、この思いが必要なのです。

この思いがないと、この世代の人びとは、より充実感が高まらないのです。この思いがないと、若いときの見果てぬ夢の残像に、引きずられ続けていくのです。そこに成人期中期の夢の次元の広がりと深まりがあるのです。これを世代継承性といいます。

世代継承的な夢を持ち、それに従って行動できることが、アイデンティティを再統合させることに、大きく寄与していくのです。多くの人間はこの思いを、子育てを通して獲得していきます。その子育てが一段落したとき、その思いが我が子から次の世代へと拡大していくのです。

世代継承的な夢を持ち、それに従って行動するとは、次のようなものです。

・若い体育主任を陰でサポートして、彼が中心で運動会が成功し、彼が賞賛されているのを見て、自分もうれしい。
・自分が時間をかけて作ったプリントや教材を、学校の他の教師たちが自由に使えるように用意しておく。
・学校行事で、いろいろな役割の隙間の仕事をさりげなくやって、全体がスムーズに流れていくと、自分が感謝されなくてもうれしい。

体力や能力のピークを過ぎたなと感じられる四十代以降において、しかし今まで培ってきた経験に裏打ちされた技術は、まだまだ教員チームや、若い世代の役に立つことができる、そのような存在は学校現場では目立たないけれどもとても大切であり、そういうことに真摯に取り組む存在も、結構いいかもしれないと納得できる、このような静かな、しかし、確固とした信念が必要なのでしょう。そのためには、最低限、人並みの教育実践はしっかりと行うことができる、という前提が求められるののです。

加齢にともなう体力等の低下、新しい状況に対する対応力の低下、職場での相対的な立場の変化は、中堅・ベテラン教師に本人のアイデンティティの再統合を迫ります。前述のどちらのタイプもそのアイデンティティの再統合がうまくできないとき、現出するのです。

教育現場に起こった三つの大きな変化は、中堅・ベテラン教師にアイデンティティの再統合をする試行錯誤のゆとりを奪います。つまり現在の中堅・ベテラン教師は、従来の教師たちよりも、より辛い状況に置かれているのではないでしょうか。そして、中堅・ベテラン教師の問題は人間の発達の問題ですから、若手教師の十何年か後の自分の問題でもあるのです。つまり、教師全体の問題なのです。

④章 中年期以降の発達課題を克服する現役教師

本章では、第2章、第3章を受けて、これから教師がどのように歩んでいけば、教師として納得して生きていけるのかを考えてみたいと思います。

まず、第1節でその具体的な対応を検討します。そして、第2節で事例を通して考えてみたいと思います。最後の第3節で、第1節、第2節の内容を整理したいと思います。

第1節　今やらなければならないこと

教育現場に起こった三つの大きな変化により、現在の中堅・ベテラン教師は、アイデンティティの再統合をするための、試行錯誤するゆとりがないのが現状です。このようななかで、教師たちはどのような対応をすればよいのでしょうか。

考えなければならない問題は二つあります。

一つはやはりこの問題は、すべての人間が遭遇する発達の問題であるということです。そしてもう一つは、東京に起こったような現在の三つの大きな変化の状況で、中堅・ベテラン教師は前述の問題にじっくり取り組むゆとりを失い、その結果、寂しい状況に陥っていることが多いということです。

結局、三つの変化の状況は今後も続く可能性が高いことを考えると、これからの中堅・ベテラン教師はアイデンティティの再統合の問題に、より意識的に、積極的に取り組んでいくことが強く求められると思います。そうでなければ、厳しい現在の学校現場で、自他共に納得してやっていくことはとても難しいのです。

第2章、第3章の先生方の事例を分析していくと、不本意な状況に陥らないための対応のあり方のヒントが、いくつか見えてきます。

具体的には、次の三つの分岐点における対応の仕方です。

A　加齢にともなう自分および自分の置かれた状況の変化をどう受け止めたのか

（1）その重要性を意識して受け止めた。

（2）感じたが、あいまいにしていた。

（3）認めなかった、認めたくなかった。

B　その変化にどのように対応したのか
（1）新たな知識・技術を積極的に学習・研修した。
（2）今までのやり方を再確認した、微修正してやり過ごそうとした。
（3）特に自分からは何もしなかった。

C　対応したことを学校現場でどう位置づけたのか
（1）今までのやり方と新たなものの折り合いをつけ、その場に即した統合した実践を行った。
（2）今までのやり方を中心に変化した部分のみ微修正した実践を行った。
（3）今までどおりの実践を続けた。

まず、（3）＝（3）＝（3）の教師は、退職なども含めて、とても辛い状況に陥っていることがわかります。

第2章で説明した、（2）変化を受け入れられなかった、今までの自分を頑なに押し通そうとしたタイプです。さらに、（2）＝（2）＝（2）の教師も、東京のように三つの大きな変化が起こった地域では、かなり苦戦していることが理解されるでしょう。

第2章の、（3）変化を漠然と受け入れ、自分では仕方がないとあきらめた、（4）変化を漠然と受け入れたが、自分なりの対応方法での変革がなかった、あるいはしなかったタイプです。

三つの大きな変化の影響が深刻ではない地方の先生方も、この事実を深刻に受け止め、意識して対応することが求められると思うのです。

つまり、中堅・ベテラン教師がアイデンティティの再統合の問題に、より意識的に、積極的に取り組むとは、学校現場でのあり方として、（1）の選択をして、実行していくことが、三つの変化のなかで強く求められるのです。

そのような取り組みを進めていくなかで、中堅・ベテラン教師は、教師としてのアイデンティティの再統合が徐々に達成されていき、それが自分全体のアイデンティティの再統合につながっていくのではないでしょうか。

今まで自分なりにバリバリやってきた中堅・ベテラン教師ほど、中年期以降の発達の問題に苦しむものです。前述のA、B、Cの分岐点での考え方や行動に、（1）を選択できない発達心理の問題を大きく含んでいるからです。

その意味でも、次の先生方の事例は参考になると思います。

これから教師として生きていく先生方の生きるうえでのヒント、中堅・ベテラン教師はアイデンティティの再統合をするための心理面でのヒント、になると思います。

この先生の成果ではなく、その生きていく姿勢に、私は学びたいと思うのです。

第2節　マイベストの教師生活を送っている先生の事例

☆悪戦苦闘、しかしそのなかに喜びが

藤田康男・仮名（中学校副校長　四十八歳・男性）

〔自己紹介〕　私は中学校の副校長になって六年目を迎えます。民間企業の社員を経て教員になってから二十年たちました。教員になった年に結婚し、妻は小学校の教員です。子どもは男の子が三人、みんな明るく元気に育ち、家の中はいつも笑い声が絶えたことがありません。

高校からラグビーを始めた私は、大学・社会人を通してクラブチームでもプレーを続けました。私がラグビーをやっていたことは、教員生活の前半の大きな財産となり、その後、カウンセリングを学んだことと併せて、私の教員としてのスタイルを決め、人生を大きく左右したと思います。

教員になる前に「自分の学校を作りたい」と夢見ていた私は、漠然といつか管理職になることを予測していたと思います。担任として、そして主任として、ある程度納得いく仕事ができたと感じたとき、次のステージに進むのが当然と考えました。その際、マネージメントにカウンセリング・マインドを生かすことを自分の大きなテーマとしました。独自のスタイルを試行錯誤しながら、そして悪戦苦闘しながらも充実した毎日を過ごしています。

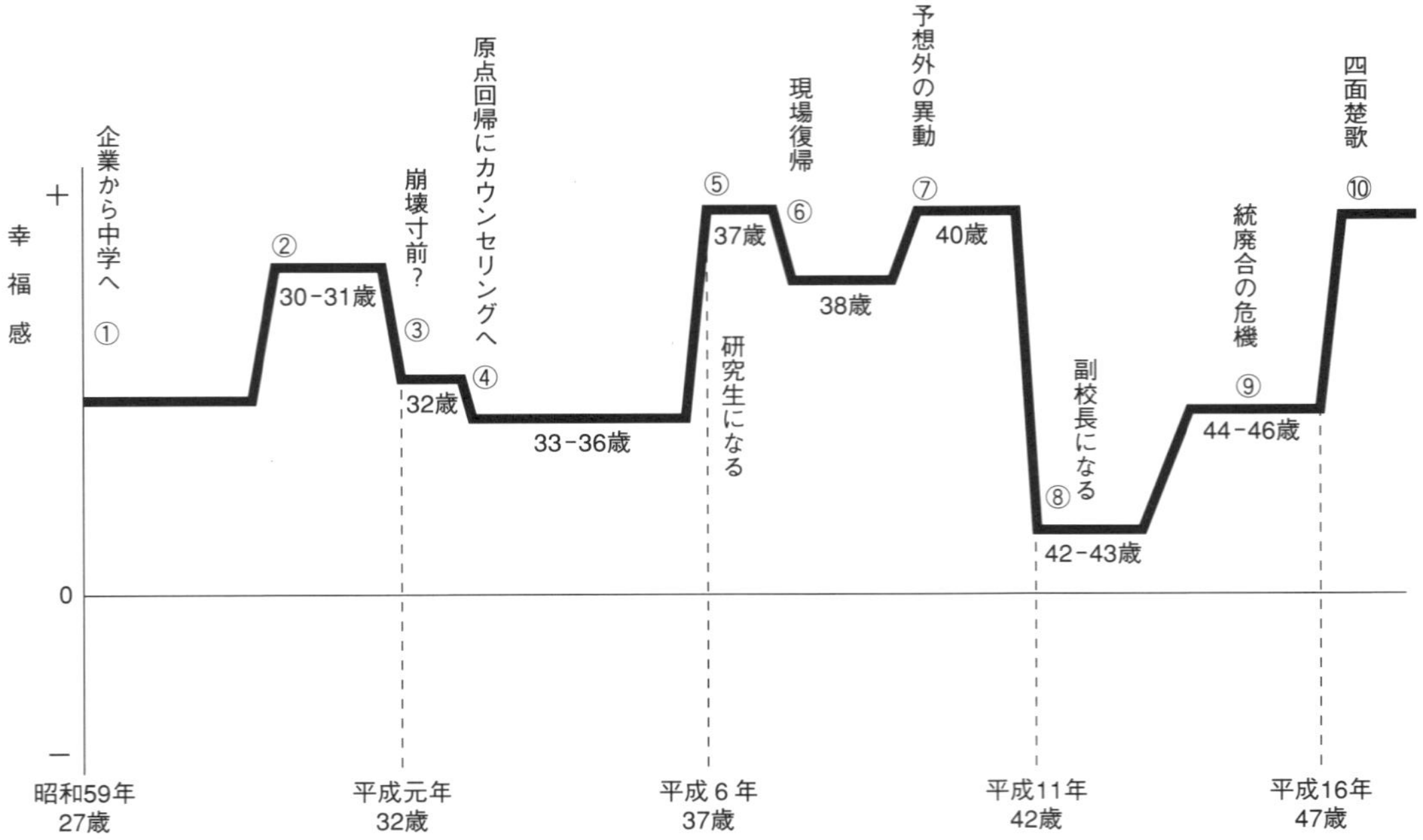

図　教師の心のライフライン・藤田康男（48歳）

▽民間企業から校内暴力の嵐吹く中学校へ赴任

昭和五十九年　二十七歳

新卒で入った会社を辞めてから採用試験を受けたため、中学校の教員に正式採用になるまで二年間、浪人の時期がありました。それだけに採用が決まったときは異様に気合いが入っていたという記憶があります。背水の陣というほどの悲壮感ではありませんが、やり直しや甘えは絶対にあり得ない、という自らへの叱咤激励の決意であったと思います。

時はまさに全国的に校内暴力の嵐が吹きまくっており、私が赴任したH市のN中学校も市内で最も荒れているという噂の高い中学校でした。市内三十校近くある学校のなかで、毎年のように番長連合の総番長を出している学校として有名で、その学校への赴任を知った知り合いからは、とても気の毒そうな顔をされたことを覚えています。

荒れる学校の実情は新聞での報道でしか知らなかったので、生徒たちの顔を見るまでは実感がわくものではありません。ただ、始業式の朝、全校の生徒が集まったところで、初めてその大変さを垣間見た思いがしました。号令をかける教員が何を言っても聞かずに、列の後方でかたまって大声で野次を飛ばしたり、走り回っていたりする生徒が何十人もいるのを見たからです。なるほど、「手強い連中がいる」と思いました。翌日の入学式で出会った八学級、約三百人の生徒たちが、私が初めて担任する生徒たちでした。「入学したときはかわいかった子どもたちが、二年後にはあんなになってしまう」という先輩教員たちの嘆きを聞いても、入学直後の中学生たちからは将来の姿を推測することはできませんでした。しかし、そのうちすぐに、騒然とした教室の中で、話しても話しても、少しもこちらの思いや考えが生徒たちに届かない現実に直面しました。そして、自分の教師としてのスタイルをどうするか、早く決める必要を感じました。採用試験の面接で、「生徒が暴れてあなたの言うことを聞かなかったらどうしますか」という質問に対して、「ねばり強く言い聞かせます」と答えていた自分を思い出し、現場の厳しさとのギャップを思い知らされた感がしました。

それでも、集団万引きが発覚した後の指導、他校生とトラブルになり呼び出しがかけられた事件での指導、学級のなかで孤立した生徒が不登校傾向になったときの指導、また怠学傾向で登校せず、校外で窃盗などを重ねた生徒への関係機関との連携など、初めて直面する事態は不謹慎な表現かもしれませんが、いずれも新鮮な体験で、生活指導主任や学年主任の先輩教員たちの教えを受けながら、体当たりで解決を図っていきました。そして、自分なりに自信をつけていったのです。こんな経験はほかでは滅多にできない、教員としての大きな財産だと、常にプラス思考で受け止めていました。朝起きてから夜寝るまで、全身全霊を学校に傾け、一日のエネルギーを絞りきっていました。そのことは、あの時期には大好きだった読書をほとんどしなかったことからも言えます。授業の調べで本を開くことはあっても、ストーリーのある本、つまり歴史物やミステリー物、ドキュメンタリーなどを全く読む気が起きなかったのです。家に帰れば新婚の妻と長男がいて、それは限りない安らぎをもたらしたものです。学校で何があっても、疲れた頭と身体で考えることはしない。ひたすら家族との触れ合いで安らぐ、そのためには読書も邪魔だったのです。そして何も考えず、できるだけ早く寝る。睡眠をしっかりとって体力を回復し、朝になったら元気を取り戻して、そのときの事態に真っ向から向き合う。ひらすらそれを繰り返していた毎日でした。それが当たり前で、一番良いのだと信じていました。読書は、終業式が終わると、その日のうちに大きい本屋に直行して、休み中に読む本を十冊くらいまとめ買いするのが、一学期に一度の楽しみでした。最初の三年間はそんな感じで過ぎました。

▽生活指導主任として学校を支える実感を持った日々

昭和六十二年　三十歳

後から振り返って「力の生活指導」と呼んだ私たちの指導スタイルは、生徒を高圧的に押さえることをやむなしとしていたものでした。学年に教員が十二人いればいろいろなキャラクターがあって当然ですが、そのなかで一番の強面スタイルだったのが私でした。話し合いで役割分担を決めたわけではありません。いつのまにか適材適所、私の役割は自他共に認めるものに決まっていたようなものでした。

新規採用まもない私が、生活指導の中心的役割を占めるようになったのには理由がありました。それは私が赴任と同時にラグビー部の顧問になったことです。前任者が作ったこの部活動は、学校の暴れん坊たちの暴力欲求を、なんとかスポーツの世界で昇華させようというねらいを持っていました。前任者の異動に伴い、後継者として私は選ばれて赴任したのです。ですから、そこには学校の不良たちの八割から九割が入っていて当たり前だったのです。しかし、そのことも私には願ってもない条件でした。教員になってからもクラブチームでラグビーを続けていた私にとって、一番得意な土俵で暴れん坊たちと渡り合えるというのは、他のどの教員よりも大きなアドバンテージだったからです。

二回わり目の担当の生徒たちのなかにいたタケル、トモヤ、タクの三人も、迷わずにラグビー部に入ってきました。ラグビー部に入って荒っぽい練習を通じて喧嘩に強くなるという筋書きは、中学で番長連合の総番をとり、卒業したら暴走族に入るのと同様に、先輩たちから受け継がれたものだったようです。だから、後に番長連合の「三羽ガラス」（＝総番、裏番、特攻隊長）と呼ばれ市内の中学生から恐れられた三人も、入部当初は素直に楕円球を投げたり蹴ったりしていたのです。

やがて、彼らは練習よりも、校外で他校生と喧嘩をして、番長連合を拡大することに熱中するようになっていきました。それに対して、諦めることなくこちら側に引き留める努力をずっと続けていました。そういう私の気持ちだけは彼らに通じたらしく、いわば一宿一飯の仁義のようなもので、私に対するときだけは彼らの態度に遠慮があり、「先生、俺ら学校の中では暴れないから、先生も俺らが学校の外で喧嘩するのを止めないで」という態度をとっていたのです。

さて、百人規模の番長連合のトップスリーがこういう態度だったので、四年目に生活指導主任になった私に、逆らおうとする生徒はおらず、少なくとも校内では平穏な四年目、五年目が過ぎました。

この頃が自分の生活指導の力を一番驕っていた時期であったと思います。自分でも驕っている自覚はありましたが、しかしそれに変わるものが自他共にないじゃないか、という言い訳が自分のなかにあったのを覚えています。言ってみればラグビーという土俵の上で、いわば合法的な暴力を見せつけながら、一方でこまめに人情に訴えるやり方は、この時点で最も有効なやり方で、私が一番の適任だったということです。しかし、同時にこのやり方を、十年後、二十年後に自分ができるとは思えませんでした。

ですから、なんとか「力の生活指導」ではない、生活指導の原理・方法論はないものかと思っている頃、妻から「あなたも教育相談を勉強してみない？」と誘われ、勧められた本がK先生の本でした。「これだ！」と思いました。受け身ではなく、積極的に打って出る教育相談というのはとても魅力的で、自分がやるのはこれしかないと思ったのです。

昭和六十四年　三十二歳

▽学校崩壊寸前か――背水の陣

しかし、六年目、タケルたち三人が三年生になった夏以降は、教育相談の勉強をしていることができない事態になっていきました。二年生の三学期には、H市内の番長連合をまとめ終わっていた彼らは、三年生になってからは市外に勢力を伸ばそうとしました。しかし、中学生にとって地理的に広い範囲の行動には限界があったらしく、何度か他市への進出を試みたようですが、地元警察に補導されるなどうまくいかなくて挫折したようなのです。それまでは、それなりに緊張感のあった彼らに変化が生じたのは、それ以降です。つまり、シンナーを吸ったり、バイクの無免許運転が目立つようになったのです。以前に、校外の喧嘩を止めないでくれという彼らに対して、「カツアゲとシンナーだけは絶対にやるな」、と答えていた私の望みが裏切られ始めたのです。私も、警察や鑑別所、家庭裁判所や児童相談所など、あらゆる関係機関を駆けめぐり、対応に努力をしました。

二学期も後半になると、タケルはシンナーを吸引して登校することも度重なり、これまでは一度もなかった対教師暴力も起こしました。今まで何とか校内にだけは持ち込ませないで済んでいた事件が起き、一気に緊張感が高まってきたのです。

さて、それまで私の生活指導の方針は、ほぼ独断専行で進めていました。管理職にも事後報告で、追認してもらうことが多かったと思います。事件後の対応のスピードを第一に考え、相談しながら進めるという段取りを軽視していました。そういう私を管理職は全面的に支持してくれていました。そして教員たちには、ある面「まかせておけば大丈夫」という依存心と独断専行への反感があったと思います。だから、いよいよ残りの数カ月になって私の予想と努力を超える事態が進行したとき、学校が一体となって対応を考えるという雰囲気になかなかなりませんでした。生活指導主任という役割に忠実であろうとするため、先輩教師たちにも遠慮なくズケズケ指図していたことに反省もしました。

「抱え込み指導」という言葉が教育雑誌に載っていたのを読んで、自分がそれに当たるかどうかを考えていました。つまり、「ある教師と生徒との特別な関係を生かして、生徒がその教師の言うことだけは聞く」という指導のあり方で、それは望ましくないというものでした。ラグビー部の監督と選手という関係を最大限に生かすという意味では、私のやり方は「抱え込み指導」そのものだったと思います。そのマイナス部分は強く反省しましたが、反面、番長連合の他の学校では校舎破壊や対教師・対生徒の暴力事件などやりたい放題だったことを考えると、ギリギリの選択としてはベターの選択だったのではないかと今思っています。余談ですが、その生徒たちがその後、紆余曲折を経て三十歳の今、まっとうな生活をしていることは大きな喜びです。

学校が一番緊張感に包まれ、先行きがどうなるかわからないという不安感があった頃、私を支えていたのは、家庭はもちろんですが、もう一つはやはりラグビーの仲間でした。月曜から土曜日まで仕事で疲れ切ってはいましたが、日曜日には必ずクラブチームの練習や試合に参加していました。たしかに体力的には辛いのですが、日曜日の朝そこに行けば必ず仲間がいる、そして汗をかいて気の置けない会話を交わして帰宅すると、実にすっきりとリフレッシュできたのです。明日もがんばれる気になれたのです。

▽原点に戻って――猛烈にカウンセリングの勉強

平成二年　三十三歳

タケルたちを何とか無事卒業させた私は、新規採用六年で異動という原則に従い、N中を去ることになりました。警察の少年係長が、「彼をH市から出していいのか、何とかならないのか」と校長に迫ったことは、私に対する評価としてうれしく思う反面、教科の指導をはじめ教師本来の力量をつけることに専念したい、という思いを新たにしました。

異動を機に心機一転、私は次の目標を立てました。

（1）教科（社会）指導の力量をつけるために研修会に意欲的に参加する。

（2）新しい生活指導を目指して、教育相談・カウンセリングの勉強をする。

（3）協調性を大切にし、集団のなかで自分の力を生かす、同僚の力を引き出すことをめざす。

異動先のS区立H中学校は、区内で最も落ち着いた学校で、三年生の副担任になった私は、時間的にも精神的にもゆとりができました。東京都の教育研究所が企画する社会科の研修会に申し込み、学校外の教科の先生たちと初めて知り合うようになりました。彼らから、私的な研究会にも誘われ、定期的に夜集まって勉強するというのも新鮮な経験でした。

また、前任校の市で初級カウンセラー講座を修了していた私は、この年東京都の教育研究所が実施している中級カウンセラー講座を受講することにしました。このときの講座は年間三十単位ありましたが、特に後半の講師がk先生であったことはその後の私の人生を決定したといえます。この講座の一部として、夏に三泊四日の構成的グループエンカウンターを初めて経験しました。このときに知り合った仲間は、今でも続く同志になっています。

そうやって意欲的に自己投資のための勉強を始めた充実感の反面、実は学校における自分の存在感、自己有用感が下がったことに不満足でもありました。初めて担任を外れて何をして良いかわからないという戸惑い、また担任として行事等に熱中できない寂しさがありました。また別の面として、協調性を大切にするあまり、自己主張することを抑制しすぎたことに対する欲求不満もありました。このころの私にはアグレッション（攻撃）とアサーション（主張）の識別ができていなかったのです。前任校でとてもアグレッシブだったことを反省していてアサーションさえも抑制したため、言いたいことを言えないでストレスがたまるという経験をしました。

それでも、異動二年目からは一年生の学級担任を持つようになり、また生活指導主任を任されてからは、学校を支える柱としての誇りと自信を持って働けるようになっていきました。H市に比べて学校数も少ないS区では、生活指導主任会もこぢんまりとした集団でした。だから、区の委託で共同研究をすることを通して、お互いの苦労・悩みをざっくばらんに話し合える関係が築けたことは、気持ちのうえで新しい支えを得た感じでした。

平成三～五年まで三年間、生活指導主任をやりましたが、校内では特別指導に苦労するような問題も起きることはなく、区の主任会のまとめ役として生活指導の共同研究に新しい意欲を覚えました。つまり、その場対応の後追い指導ではなく、現在の問題行動を分析して指導法を考えていこうという研究を、実践を通してやっていこうというものでした。これに、個人的に進めていた教育相談の勉強を生かすために、さらなる勉強がしたくなりました。そこで、東京都の教員研究生制度に応募することにしました。これは一年間現場を離れ、都立教育研究所あるいは大学・大学院に派遣されて研究をする制度です。筆記試験と面接試験の二つの狭い関門を経て研究生になることができます。そこで三年生の担任だった私は、生徒に向かって、「先生もみんなと同じ受験生だ。お互いがんばろう」と言ったところ、教頭試験を目指しているという噂になったようでした。後からそのことを聞いて、「ああ、自分もそう見られる年頃になってきたのだなあ」と感じました。

平成六年　三十七歳

▽現場を離れて研究生として

平成六年四月、学校現場を全く離れて、個人の研究に没頭できる一年間がスタートしました。まことに贅沢な一年間でした。東京都教育研究所の学校教育相談部に籍を置いて週一日出勤しながら、他の日はさらにそこからT大学大学院のK先生の研究室に研究生として派遣していただきました。自分が追いかけるテーマは、既存の生活指導の方法論に教育相談の理論・方法をうまく融合し生かすことでした。あくまでも、現場に役立つ学問を求めて研究生生活を始めたのです。しかし、一口に教育相談といっても、指導教官のK先生が専門とするカウンセリング心理学を始め、多岐にわたる心理学の理論、療法、また精神分析学や、それらの背景にある哲学、そして文化人類学など学ぶべき領域は無限に広がっていました。そのことは、戸惑いよりむしろ、ワクワクする思いを呼び起こしました。

つまり未知なる世界に対する興味関心であり、初めて学問することに楽しさを感じたのです。自分はあくまでも現場の人間であり、思考よりも行動のタイプであると今でも思っていますが、「自分にとっての生涯学習はこれだ」、と喜びを感じたことを覚えています。

一年間の研究生生活を通して、K先生門下の多くの仲間と知り合うことができました。それこそ、北は北海道から南は沖縄まで、日本全国に自分の仲間がいるのだという心強さを覚え、より大きな志を持とうという意欲が湧いてきました。

平成七年　三十八歳

▽現場復帰して教育相談

一年間たっぷり充電したものをどうやって現場に生かすか、強い意欲・意気込みをもって学校に戻りました。その年は三年の担任として復帰したので、進学指導に心をくだきながらも、翌年の学校体制を自分なりに構想していました。実践の柱として二つ考えていたのは、全校教育相談週間の実施と構成的グループエンカウンターの導入でした。このとき、最も私が気を遣ったのが、独断専行しないことです。自分が得てきたものを学校全体の実践に広げるためには、ていねいに説明を重ねて理解を得ながら、仲間の教員たちの持っている力を充分に活用し、実際に成果を得つつ、それを教員集団全員の納得、満足感につなげることです。

一つ目の柱は、原案の企画と運営を生活指導部に置きました。復帰前年の研究生のときから、生活指導部に企画案の検討を依頼し、根回しをしていました。復帰一年目を準備にあて、翌年三年越しでようやく全校教育相談週間は実現しました。校長以下全教員のなかから話し相手を生徒が選び、話す内容も生徒が決める、教育相談週間「おしゃべりウィーク」は教員にも満足感を得て成功裡に終わりました。

二つ目のグループエンカウンターの導入は、学校が区からの委託で受けた単年度の研究の柱として位置づけ、私が主任をしていた研究部が中心となって進めました。なぜこんなことをわざわざやらなくてはならないのか、という消極的な抵抗はありましたが、みんながこれまで実践してきたことを生かせる方法だという説得を重ねながら、生徒たちの圧倒的な支持を得て、学校全体としての取り組みは成功を収めました。

学校全体に、すべての教員がすべての生徒を受け入れるという姿勢を打ち出し、生徒相互がお互いの良さを認め合い、支え合うという雰囲気を作り出すことが、ある程度できました。このころH中学は不登校生徒がゼロで、他校から不登校で転入してきた生徒がいたのですが登校できるようになった生徒が何人か続き、学校外からも注目されるようになっていました。私のスタンドプレーではなく、学校の仲間たち全員で取り組み、成果を得ることができたことに大きな満足感がありました。

ところが、そのとき私が唯一納得いかなかったのが、直属の上司である校長の反応です。「ご苦労さま」とか「良かった」という言葉はあったかもしれませんが、私の心には残っていません。記憶にあるのは、「こういうことは、自分たちも昔からやっていたことだ」という言葉でした。おそらく私の失望感は同僚の誰も気づいていなかったと思います。研究主任として一年間一生懸命やってきたことへの評価がその程度だとすると、今後この校長のもとで自分はどうなるのだろう、という諦めの気持ちが生まれました。

平成九年　四十歳

▽予想外の異動と専任相談員の経験

ちょうどその頃、次年度の学級減が予測され、自分の教科が過員対象教科にあたっていました。はたして私を過員として出す気があるのかどうか校長に打診すると、「こういうときは、どうしようもないんだよ」という説明が返ってきました。校長に積極的に引きとめる気はないことを確信した私は、自分から異動希望を出すことにしました。この学校で、この区でやれることはやったというさっぱりした気持ちと、少しだけ、上司に人を得ないと寂しいなという気持ちがありました。新しい場所で新しい気持ちでスタートだと思いましたが、前回の異動のときのように心機一転という意欲が充分に生まれないままに、今のT市、A中学に異動しました。

このころはカウンセリング関係の活動としては、K先生からのご推薦もあり、著作活動や研修会への講師依頼など受けて、自分を生かす道を見出していました。したがって、自尊感情そのものは直属の上司からの評価に左右されることなく、高いイメージをもっていました。しかし、新しい学校で自分が何をするか、という意欲は持てないままでした。そんなときに、新しい学校の校長から管理職試験の受験を進められ、今がそのときかどうかの判断がつかないままに受験することになりました。勧めた校長も次の年のための足慣らし程度に考えていたようですが、筆記試験・面接試験とトントン拍子に合格してしまいました。新しい学校で何をするというポジジョンが摑めないでいた私は、管理職へ転身するいい機会なのかもしれないと思いました。

ところが、翌年一年間だけですが、とても貴重な経験を積むことができました。その頃から、少子化の進行と団塊世代が管理職世代になっていたことから、校長も副校長も供給過多の状態で、試験に受かっても、一年間は研修しながら要員待機することが常識になっていました。そこで、校長はカウンセリングの勉強をしていた私を、校内の専任教育相談員にしたのです。専任といっても、一日に一〜二時間程度の授業はするのですが、他の時間は相談室に詰めて、生徒や保護者との対応を主たる仕事にしていたのです。受容を前面に打ち出して生徒・保護者と接するのは、私にとって初めての経験でした。考えてみると翌年から副校長職につくのに、いい訓練であったのかもしれません。

授業をして、学級経営をして、問題行動があれば子どもを叱り、行事に燃え、部活動に汗を流すというそれまでのテンポと全く異なる仕事でした。おかげで、今まで見えていた面と全く異なる子どもの面が見えたように思います。

いじめに遭うなどして、全く教室に入れなくなった子を何人か相談室で預かりました。そのサインを出すのにリストカットをして見せた子もいました。一年半以上不登校だったある女子は、開かずの校門から非常階段を上って、やっと相談室に入ることができました。生活指導畑を主に歩き、どちらかというと生徒の憎まれ役を引き受けることが多かった私が、これらの傷つきつまづいた子たちを受け入れることに専念する一年間を過ごしたことで、教員として役割意識に徹することの必要性と可能性を感じました。つまり、自分のパーソナリティを生かすと言っても、ワンパターンになってはいけないのであり、必要に応じて父性と母性を出し入れできる柔軟性が教員には望まれるということです。しかしその反面で、役割を演じるもの同士がお互いの心情を理解することの難しさも感じました。かつて自分が担っていた役割＝怖い先生役の同僚に対し、「あれじゃあ、厳しすぎるだろう」とつい思うのです。その時、おそらく先方は「甘すぎるよ」と感じていたんだろう思いました。異なる立場・役割の者同士こそ、コミュニケーションが大切だと思いました。それでも私が孤立感を持たずにすんだのは、自分が担当した生徒の担任との連絡は大事にしていたおかげだと思います。

▽副校長になって

平成十一年　四十二歳

不登校生徒たちとの関わりに専念した一年間ののち、市内のB中学で副校長に昇任しました。副校長になる直前の二カ月間、私の胸に去来した不安感はかつて経験したことがないものでした。あらためて、覚悟がないままに副校長になってしまうのだなと思いました。思いあまった私は、春休みに参加したワークショップのときに、K先生ご夫妻に自分の不安について相談しました。お二人はていねいに私の感情を聞いた後、「責任感が強いんだね」「真面目なのね」と感想を漏らされたあと、こんなアドバイスをくれました。

それは、知り合いの校長先生が、校長へ昇任するときの話です。こんな場合は、自ら校長を辞めるということを心に決めたというのです。具体的な条件は、自分が大事にしたいことを考えて決めたらいい、というアドバイスでした。さっそく、考えて次の三つを決めました。

(1) 自分の信念・信条を裏切らなければならないとき
(2) 自分の家族を守ることができなくなったとき
(3) 自分の健康を害したとき

この条件に抵触したときは自ら副校長を辞める、と決めてみたら、気分がすっと楽になりました。とりあえず、昇任する前の不安感は克服することができました。

教員になる前も含めれば、ずいぶん何回も新しい職場へ移るという場面を経験してきました。しかし、今回は慣れるまで様子を見て、ということが許されない立場でした。着任したばかりでも、「副校長先生これはどうなってます?」「どうしたらいいですか」と訊かれて「わかりません」と言えないと思った私は、随分ドギマギし続けました。それから、先生たちを横から見渡す座席というのも、思った以上に見通しがいいものでした。つまり、新しい職場であっても多くのことに気づくということです。問題は気づいたことをどうするか、特に本人たちにどうフィードバックしたらいいのかでした。とりあえず、耳と目をフル活動して情報を集めることにしました。

さて、最もストレスがたまったのは、自分が考えたまま、感じたままの行動ができないことでした。一つは常に校長の意思を確認し、校長の考えを実現することを優先させなくてはならないことでした。

もう一つは、事務処理があまりに多く、またあらゆる雑事が最終的に副校長のところに集まってくるため、クリエイティブな仕事が全くできないというものでした。それまでは、担任、生徒会担当、部活動顧問、行事担当、主任などの役割で、自分で構想し企画運営して、学校のある部分を確実に動かした、という実感を得ていたわけです。教員になってから一番自分の力が発揮できていないのではないかという気になってきました。また、副校長は学校を守るのが仕事という理由で、外へ講師ででることも以前より大きく制限されました。自尊感情がどんどん下がっていく感じでした。

このような時期がおおよそ二年間続きました。それなりに職場にも慣れ、副校長と呼ばれるのにも慣れてきましたが、つまらない仕事に埋もれている感じはなかなかぬぐえないでいました。そんなころ、ある研究会で一緒になった私立高校の先生と飲んでいるとき、私が副校長職への愚痴を言うと、「人生すべて雑事なり、雑事を軽んずる者は人生を軽んずる者なり」と喝破されました。ならば、「雑事に熟練して、創造的な時間を生み出すしかない」、という言葉がスルスルと自分の頭のなかに生まれてきました。当たり前のことなのですが、この言葉をきっかけに、自分自身が納得する機が熟していたということだと思います。面白かったのは、後になってその先生に感謝の言葉を言ったとき、「自分がそんなこと言ったの?」と不思議そうにしたことです。

副校長三年目からは新しく赴任した校長が、「校長と副校長はパートナーだ」と言い、実際に私の提言を積極的に採用してくれるので、私の自己肯定感はぐんぐんと上昇しました。前任の校長の厳しい指導が私のなかで実を結び始めたのだと感じました。先生たちとの関係も、副校長職として納得のいくものになってきたと思います。折から服務について非常に厳しく処罰が下されるようになり、副校長職に忠実であろうとすると、一生懸命にやっている先生たちに厳しすぎるだろうか、と自問することもよくありました。しかし、自分も含めて自校の先生たちがつまらないことで後ろ指を指されないようにすることが、私の役目であると割り切りました。そのあたりをわかりやすく説明するために、「私のモットーは〈正々堂々〉です」と宣言したりしました。

▽統廃合のピンチ　平成十三年　四十四歳

管理職の仕事にようやく慣れて自分らしさが出せるようになった頃、学校にピンチが訪れました。教育委員会が学校の統廃合計画を発表したのです。そのなかに、二十周年を終えたばかりのB中学が母体校に統合されるプランが入っていました。二学期の後半、初めて校長からそのことを知らされた時点では、まだ議会に計画が示される前でしたので、一人の胸に納めておかなければなりませんでした。

時期は来年度の構想を練り始める時期です。今年度の反省から、来年は少しでも良くしようといろいろと思いを巡らすとき、「ああ、どうせ学校は無くなってしまうんだ」と思ったときの虚しさは格別でした。そして、それを口に出せない苦しさを一カ月ほど味わいました。

やがて公式に統廃合プランが発表になったとき、校内外に激震が走りました。校内では教員たちが驚き、怒り、やがて無力感を漂わせました。一つ一つの教育活動に心を込めて打ち込んできたのに、それを行政から否定された思いがしてがっくりしたのです。会話が盛り上がったとき、ふと誰かが「でも、どうせ無くなっちゃうんだよね」と言うと、場が沈黙するのです。校外では、保護者や地域の方々から嵐のような反対の声があがりました。しかし、公務員である私たちは行政が決定したことには従わなくてはならない。本音と立場の間に挟まって、ジレンマに誰もが苦しんだ時期でした。

校長は、教育長から統廃合計画が順調に進むよう、協力を要請されていました。副校長は校長の意を体して支えるのが仕事です。自分は何をすべきなのか、何ができるのか、思い悩みました。しかし、すぐに自分のとるべき態度を決めました。一つは、教員のリーダーとしてです。「どうせ、無くなる」という言葉は禁句にしようと宣言しました。私たちは、三年後も五年後も学校があるつもりで仕事をしよう、そうでなけりゃ目の前の生徒たちに申し訳ない。内心はともかく教師たちはみなその考えに賛同してくれました。

もう一つ、副校長の仕事の大きな部分はPTAの活動です。PTAのなかには、教師は公務員であり、反対運動をしてはならないということがあります。しかし、保護者たちの思いは統廃合絶対反対です。PTAが分裂せず、しかも反対派の保護者と敵対しないためにはどうしたらいいのか、会長さんたちと毎日のように顔を合わせ、額を寄せて相談しました。そして、これしかないというスタイルを決めました。それは、二十年の伝統を振り返り、B中学校らしさを大切にし、この地域に支えられた教育を作ることでした。市内で一番いい学校をつくることに、教師と保護者と地域が力を合わせる。一番いい学校を無くすか無くさないかを、行政に判断してもらおう、というものでした。要するに《特色ある学校づくり》なのですが、その実現に学校の存廃を賭けたのです。

「ピンチはチャンス」という大好きな言葉があります。実際にピンチこそ、膠着した状況が動き出す絶好のチャンスです。B中学校が統廃合の危機を乗り越えたとき、市内で最も落ち着いた学校という評判を得るようになっていました。

この頃、家庭面では全く順風満帆でしたが、少しだけ悔いが残ります。長男、次男が小さい頃は、私が風呂に入れ、日曜日の朝など布団の中でごっご遊びをしばらくやったり、少し大きくなったらキャッチボールをやったりしました。ところが三男の場合は、副校長になってその時間がありません。上の兄二人が父親の役割をほとんどやってくれているので助かりますが、自分ができないことがやはり寂しい、申し訳ないということです。

もう一つ、学校の仕事面では慢心したな、という反省が一つ残ります。それは、あれだけ力を合わせてやってきたPTAの本部役員との関係です。本当に大変な時期を、献身的な努力でやっていただいたのに充分に報いることができなかった。それどころか、仲間意識の慣れ、甘えからズケズケ言いすぎ、少しギスギスした関係になったまま終わってしまったことです。自分の未熟さを痛感します。

時が経って振り返ったとき、笑い話になっていればいいのですが。

▽四面楚歌、だからこそ八面六臂に

平成十六年　四十七歳

副校長の四年目に、校長試験に合格していました。五年目は任用前の研修期間で待機です。前例を見るともう一年要員待機の期間がありますが、その状況で市内のC校に異動になりました。

現在進行形なのでまとめて話はできませんが、赴任の直後から四面楚歌の気分を味わいました。それは、まさしく校長が置かれている状況を反映したものであると思います。また、生活指導の面でもB校とは比較にならないくらい、さまざまな問題を抱えていました。だからこそ、それが私のチャンスの目なのだと考えています。まずは、この一年間で何ができるのか、自分の力が最も発揮される土俵は何かを常に考えています。そして、できることはとりあえず何でもやる、そんなつもりで日々を過ごしています。

肥満気味なのは若い頃からですが、それが高血圧という症状となって表われる年齢になりました。二年近く毎日降圧剤を飲み続けています。身体には無理をかけないことに留意しながら、しかし困難な状況にやり甲斐を感じながら、仕事をしていきたいと思います。やがて、校長に昇任したら、そのぶん新たなストレスと、面白味を味わえると思います。そして、とりあえず、あと数年間は教育公務員としての最期のステージを仕上げながら、次のステージ、その次のステージを構想することを楽しみたいと思います。「死ぬまで教育者」をモットーに人生を送っていくつもりです。

■藤田康男先生の事例から学ぶこと

藤田先生は常に学校ストレスが非常に大きい状況にありながら、学校ストレスに押しつぶされることなく、いやかえって前向きに取り組んでいるのはなぜなのでしょうか。まず、学校ストレスが累積しないうちに適切に処理している、特にヒューマンネットワーク（家族、ラグビー、恩師）を支えにして、問題解決に取り組んでいることが大きいと思います。

さらに、教職のやりがい感もそのときそのときで、「子どもとの関わりと職場環境の満足感」であったり、それが満たされないときは「対外的な評価の満足感」を強く感じたりして、教師としての自分の満足感、存在感を維持し、意欲的に教師の仕事を努めていたのだと思います。

また藤田先生は、各学校で期待される役割、働く状況が大きく変わっています。しかしその度に、期待される内容、仕事を進めていくうえで求められる条件と、自分の得意なこと、身につけてきた力、ヒューマンネットワークを活用して、うまく折り合いをつけ、その場で無理なく力を発揮できる状況をつくりながら、積極的に力を発揮しています。

ポイントは、教師として力があるということ以上に、その場の実態を的確につかみ、無理なく力を発揮できる状況をつくることができたということではないでしょうか。その柔軟性こそ、学ぶべきことだと思います。なぜ藤田先生は、そのようにできたのでしょうか。

☆生徒・同僚と関わる喜びを支えに

佐藤恵子・仮名（中学校教員　四十五歳、女性）

〔自己紹介〕　私は四十五歳、教員歴二十三年目の中学校教師です。夫は中学校の校長を定年退職し、現在は教育委員会で嘱託員として働いています。家族は、夫と三人の子ども（大学生二人、中学生一人）、二年前から同居を始めた私の母と私の六人家族です。

大学は理学部でしたが、小さい頃からの夢であった教師になるため、教職教養も履修しました。貧乏な家庭に育ったので、大学に行くのは経済的にも大変で、実験助手のアルバイトと奨学金で四年間生活してきました。自分の性格は、貧乏性のせいかじっとしていることができず、いつもあくせくと働いています。人に何か頼まれると嫌とは言えず、結果、自分で自分の首をしめることも多々あります。人に頼ったり、人に甘えたりすることが苦手なタイプです。いつも、私の周りには生徒がいて、その生徒たちと共に成長していけることに喜びを感じていたのですが、異動先での教師の地位の低さや地域からの粗末な扱いに対し、情けない思いをしています。さらに、保護者からの匿名の中傷の葉書が原因で人間不信になってしまいました。こうして自分の教師生活を振り返ってみると、若い頃は保護者からの協力も得られ、支えられてきましたが、最近では社会や地域、保護者からの公教育や教師に対する批判も多く、いくら一生懸命やっても満たされない思いが残ります。

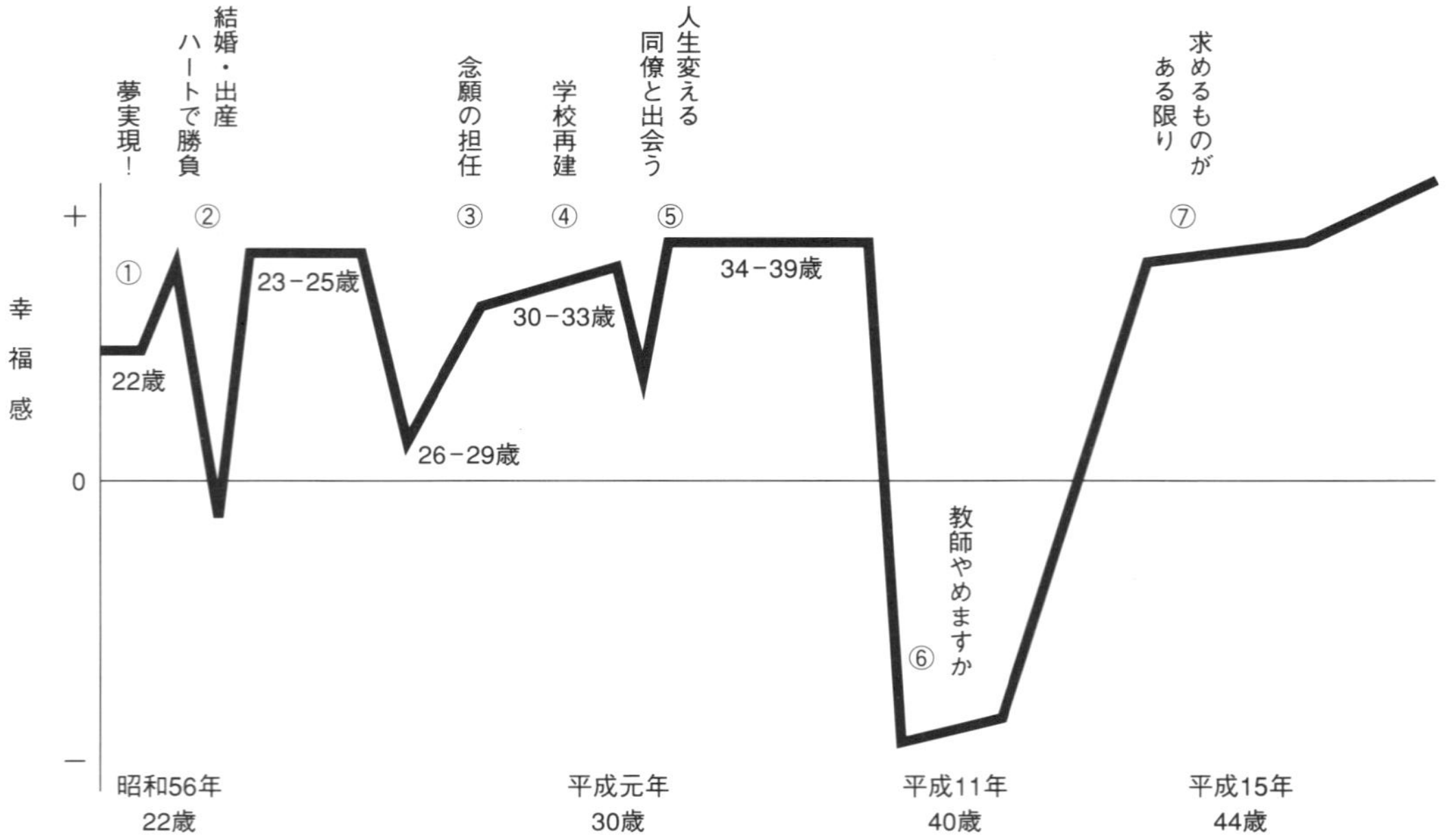

図　教師の心のライフライン・佐藤恵子（45歳）

▽夢実現・教師生活スタート

昭和五十六年　二十二歳

当時、五十倍といわれた中学校理科の教員採用試験に一回で合格できたことは、私にとって夢のようでした。両親は二人とも兄弟が多く、戦時中のこともあって中学しか出ていないので、私が大学を出て中学校の教員になることをとても喜んでくれました。「子どもに残せる財産は教育だけ」、と常々言っていたことが、実ったように感じたのでしょう。

初任の学校は埼玉県との県境に近い、新設間もない大規模校でした。自宅から通うには遠すぎるし、慣れない仕事に専念したかったこともあり、学校まで自転車で十分の所に部屋を借り、一人暮らしをすることにしました。引越しに関わるすべてのものは、大学時代にアルバイトで貯金したなかから、準備しました。

古い体質の学校で、生活指導が厳しく、教育相談的な対応はあまり感じませんでした。一学年八学級という大規模校で、職員室内も教員がひしめき合っていました。私は教科が理科なので、準備室もあるという理由から、座席は教務主任の目の前でした。教務主任のすぐ後ろのドアは校長室という、新採の私のとっては何とも居心地の悪い席でした。そんな理由から、あまり職員室にいることがなく、ほとんどの時間を理科準備室で理科の先生方と共に過ごしました。理科の教員は年配の男性四人と私の全部で五人です。その先生方からは、実験の準備やコツなどたくさん教えていただきました。

私が理科室で実験中も様子を見に来てくださいました。休み時間のたびに生徒が準備室を訪れ、とりとめのない話をしていきました。昼休みには、校庭で生徒と一緒にバレーボールをして過ごしました。

なかなか慣れなかったのが、朝のお茶くみです。新採用の同期は他に男性二人でしたので、お茶くみは女性である私の仕事でした。五十人以上いる先生方のお湯飲み茶碗を覚えるのには苦労しました。職員間は、男尊女卑で、主要五教科・不要四教科などと陰口を耳にすることもあり、差別意識があることに対し、不快感を抱いていました。唯一救われたのが、陸上部顧問の体育の女性教員A先生でした。学年は違っていたのですが、生徒への対応で困ったときなどは、よく相談にのってもらいました。一学期も終わりに近づいたある日、女子生徒が家出して、深夜私の家に転がり込んで来ました。どう対応していいかわからず、夜中の三時を回っていたのですが、A先生に電話をするとすぐに車で駆けつけてくれました。結局、女子生徒を家まで送り届け、A先生と二人でラーメンを食べて、明け方家に帰りました。教師になって初めてのモデルはこのA先生です。私は剣道部の顧問でしたが、中学時代陸上部に所属していたこともあり、A先生の陸上部もお手伝いさせてもらいました。そのぶん、生徒とたくさん関われたのでとても充実していました。

ある時、B先生から三百二十人近い生徒の成績処理を頼まれました。まだパソコンなどない時代ですから、すべて電卓か手計算の頃のことです。今では考えられないことですが、私が一生懸命、電卓に数字を打っていると、その横でB先生は碁を打っていました。これには我慢できず、成績処理が終わった書類一式を、B先生の机の上に「ドン！」とこれ見よがしに叩きつけてしまったことがあります。仕事をすること自体に不満はありませんでした。ただ、何とも言えない不平等さを感じました。

ここでは、教職のやりがい感は「子どもとの関わりと働く内容への満足感」が大きく、学校ストレスは気になりませんでした。

▽結婚・出産・ハートで勝負　昭和五十七〜五十九年　二十三〜二十五歳

高校の頃から、教師になれたら結婚しないつもりでいました。教師という職業はやりがいがあり、私の人生を充分に満たしてくれると考えていたからです。生徒と過ごす時間に思う存分使いたかったからです。仕事にやりがいを感じのめり込んではいたのですが、恋の病には勝てませんでした。ただ、恋愛による心の不安定さが、仕事に影響を及ぼすことだけは避けたいと思いました。だから、好意を抱いている相手のちょっとした一言で一喜一憂する自分をどうすることもできず、さっさと結婚したほうが心も落ち着くと判断し、あまり深く考えずあっさりと結婚してしまいました。

そんな感じで結婚を決めてしまった私が、この職場で一番残念だったのは、A先生との関係です。A先生がC先生に好意を抱いていたとは知らず、新採用一年目の年度末に、私がそのC先生と結婚してしまったのです。結局、このことがきっかけで、A先生とはその後まったく連絡を取ることすらできなくなってしまいました。知らなかったとはいえ、恩を仇で返してしまったと後悔しました。

夫とは同じ職場にはいられないということで、私はたった一年で異動することになりました。異動先の学校は、新採用二年目の私が太刀打ちできるような学校ではありませんでした。廊下をバイクが走り、授業中にもかかわらず一年生の教室に三年生が窓から乱入し、土足で机の上を飛び回るのです。一年生を守るため、手のつけられない三年生相手に何度立ち向かったことかわかりません。一年生を守るため、体を張るしかなかったのです。格好いいことを言っていますが、当時の悪たちには「女性には暴力をふるわない」という、それなりの仁義がありました。だから、校内暴力の渦中にいながら、彼らに一度も暴力をふるわれたことはありません。

そんななか、私は突然貧血で倒れてしまいました。慌てた三年生の悪たちが私を担ぎ、保健室に運んでくれました。妊娠による貧血でした。そのまま、二週間絶対安静と言われ、入院を余儀なくされました。毎日が運動会のようなハードな職場です。結婚による新しい生活、異動による新しい職場、と同時に環境が二つも変わり、そのうえ、初めての妊娠です。私にとってはダブルパンチ以上の衝撃でした。

ありがたかったのは、夫が私の入院中に、学校の近くに引越ししてくれていたことです。何と、私の勤務地は徒歩三分になりました。

担当学年の一年生もまた、いろいろな意味で元気のいい学年でした。生徒たちの下町の人懐っこさが、私は大好きでした。保護者も何かあるとエプロンをつけたまま、学校に飛んできてくれるようなお母さんたちでした。生徒と同じ地元に住んでいたので、買い物するのも同じスーパーでした。子どもたちとスーパーで出会うと「先生、先生」と話しかけてくれました。私生活が丸見えで嫌だという人もいますが、当時の私はほとんど気になりませんでした。人情味のある生徒（荒れていても）も、この地域も好きでした。本音で生徒と向き合い、人が人としてぶつかり合えた思い出多い学校でした。

私が産休に入るには、産休代替の教員を探さなくてはなりません。女性の理科の教員は少ないため、都に登録されている産休代替の教員は、すでにいませんでした。私の他にも産休に入る先生がいらしたのですが、国語だったので代替はすぐに見つかりました。教頭に、「産休に入るのなら、自分で代替を探していらっしゃい」と言われ、出身大学の研究室を訪れました。結局、後輩が来てくれることになりました。教頭は女性で結婚されていましたが、お子さんはいませんでした。こんなやりとりがあって、私はこういう冷たい人にはなりたくないなあと思いました。先輩の女性教員が言うには、妊娠に伴う時間的軽減措置があるにもかかわらず、教頭が激務に対する配慮をしなかったため、一年前に体育の先生が流産したことがあり、それ以来、少しはましになったということでした。

同僚とは、生徒が荒れているぶん、同じ苦労を共にしたという仲間意識が強かったように思います。お酒もよく飲みに行きました。彼らは私が産休に入ってからも、帰り道、私の家の前を通りかかると「おーい、飲みに行くぞー」と声をかけてくれました。「よほどお酒が好きだと思われているんだなー」と夫によく冷やかされました。私はお酒が好きなのではなく、仲間と一緒にいる時間が好きだっただけなのですが。

学年主任D先生は、年配の国語の先生でとても感性豊かな方でした。無事に長男を出産したとき、D先生は生徒全員からのお祝いのメッセージをリボンで綴り、病院に届けてくれました。最高のプレゼントでした。「これからは教育相談を勉強したほうがいい」と勧めてくれたのも、D先生でした。それからというもの、私は時間を作っては研修会に参加するようになりました。

子どもは、実家の母（当時四十六歳）が自分の仕事を辞めて見てくれました。実家から私の家までは、小一時間かかりますが、毎日、通いで来てくれました。私の母は手に職があり、私の給料の何倍も稼いでいた人です。「あなたが教員になったとき（協力するために）仕事を辞める決心をしていた」とずいぶん後になってから聞かされました。産休明けから育休もとらず復帰できたのも、母のおかげです。復帰後も、ほとんど母乳で育てていたので、私の授業の空き時間に合わせて、授乳のため一日一回、母が学校に子どもを連れて来てくれました。学校の職員通用門のボタンを押すと職員室に「ピンポーン」とチャイムが鳴り、誰彼ともなく「おーい！　オッパイタイムだよ！　早く行ってあげないと待ってるよ」と声をかけてくれました。こういう人たちが、私の職場の仲間でした。一階の主事室は一時授乳室に早変わり。休み時間と重なろうものなら、女子生徒が興味津々で授乳姿を見に来ては「赤ちゃんを抱かせて欲しい」と手を差し出します。私は、わが子を育てることと、私自身が生きた教材として中学生の前に立つことで必死でした。今、こうして私が教員生活を続けられるのも、陰で私を支えてくれた母のおかげです。

現在、九十七歳の夫の母は、車で二時間の所に、独りで住んでいます。そのため、夫は毎週末、実家に義母のお世話をしに帰ります。この生活は、結婚当初から続いていますので、休日をのんびり家族で過ごすことはほとんどありません。嫁として、本来ならば私が義母のお世話もしなくてはならないのに、仕事と家庭と子育てで、全く手が回りませんでした。だからといって、夫から一度も義母のことで愚痴をこぼされたことはありません。ただひたすら黙って、義母のお世話を夫がしてくれています。今、こうして私が教員生活を続けていられるのも、文句一つ言わず、陰で私を支えてくれた夫のおかげです（ただ、文句を言わない代わりに、家のこともほとんど手伝ってはくれませんでしたが）。

この学校に来て一、二年と副担任で持ち上がりました。早く担任を持ちたかった私は、校長に「次年度は三年担任でお願いしたい」と言われ、天にも昇る喜びでした。担任として初めて持つ学年が三年生というプレッシャー以上に、あこがれの担任ができる嬉しさのほうが大きかったのです。生活指導上、手強い生徒はたくさんいましたが、どうにかなると思っていました。当時、気の利いたワザは何一つ持っていませんでしたが、私自身がワザだと思っていました。教職は私にとって天職だと思っていましたから。大胆にも、ハートと授業の楽しさとはったりと勢いで勝負しよう、と思っていたのです。

ところが、その二日後、皮肉にも妊娠していることがわかったのです。真剣に悩みました。悩んでいる私は、おなかの子に対して後ろめたくもありました。無意識のなかで〈担任の魅力〉と〈我が子〉を天秤にかけていたのです。何よりも、教師として担任経験のない私は劣等感の固まりだったのかもしれません。学年が荒れていただけに、担任は男性でないと成立しない、という世界でした。今回の人事は、女性である私が必要とされ、私を評価しての結果だと内心思っていました。校長や同僚の期待を裏切ることにも抵抗がありました。このことを大学時代の恩師に相談しました。先生からの言葉は、たった一言「愛する者のためには、後ろ指さされる勇気を持て」でした。心は決まりました。

三年副担でスタートした頃には、生徒も進路を気にしてか少しずつ落ち着いてきました。都内の多くの三年生が、高いお金を払って塾の夏期講習会へ参加するなか、生活水準も低いこの地域では、ほとんどの生徒が学校に頼るしかなかったのです。夏休みは前半と後半に十日ずつ計二十日間、理科の補充授業を行いました。参加希望者は三年生のほぼ半数にあたる七十人強でした。二グループに分け、毎日二時間ずつ教材を準備し補充教室を行いました。猛暑の中、妊娠中の私にとって、連日休まず通ってくる生徒のパワーに応えるには、気力しかありませんでした。

夏休み中、バタバタと毎日のように四階までの階段を駆け上がっていたためか、気づくと、おなかの子どもが成長しておらず、妊娠八カ月にして三キロしか体重が増えていませんでした。生徒も私が妊娠していることに気づかないくらい、おなかはぺったんこでした。そんなこともあって、産休に入ると同時に、入院することになりました。働き過ぎ、動き過ぎということで、絶対安静と言われ、ベッドにくぎづけ状態になってしまいました。その秋、多少小さめでしたが無事次男を出産しました。

ちなみにこの時の産休代替も大学時代の後輩を自分で探してきました。

細かいストレスはたくさんあったのですが、無我夢中で過ごしていたので、それをストレスとして感じるゆとりすらありませんでした。日々追われるような忙しさが、なぜか自分のなかでは充実感につながっていたように思います。

▽念願の担任　昭和六十～六十四年　二十六～二十九歳

人には言えない焦りが一つだけありました。私より年下の後輩が、担任として生き生きと働いている姿を見て、とても羨ましく思えたのです。新採から五年目を迎えたにもかかわらず、私には担任の経験がありませんでした。新採一年目で結婚、すぐに出産、子育てとずっと副担しかできない状況だったのです。教員の経験年数は彼女たちよりあるのに、担任としての経験がゼロという劣等感が、再び重くのしかかってきました。

出産後、一年の副担任で現場復帰しましたが、学校は相変わらず荒れていました。一学期も終わろうとしていたある日、新採二年目の一年担任の女性教員が私の家に相談に来ました。突然退職するというのです。担当学級は崩壊し、教科の授業も成り立たず生徒の前に立つのが怖くなったというのです。できれば、育児時間を返上し担任を引き継いで欲しいとのことでした。育児時間のおかげで、実家の母に来てもらうにも、時間的ゆとりがありました。育児時間を返上するとなると、それなりの準備が必要になるわけです。悩んだ末、ご近所を頼ることにしました。わが子にとっては、私以外の第二の母（ママ）との出会いです。その方は全くのボランティアで協力してくださいました。朝、私の母が来るまでの間の一時間、子ども二人をママに託しました。

二学期からは、念願かなって担任です。ただし、学級崩壊しているクラスです。二学期の始業式の日、教室では、一人の子をめがけて、給食の白衣がいっせいに飛び交っていました。いじめで不登校になりかかっている生徒もいました。早速、緊急保護者会を開き、現状を訴え、混乱している子どもたちに、健全な教育をしてあげたいことを力説しました。そのために学校でできること、家庭に協力して欲しいこと、担任として努力することを話しました。そして何よりも、このクラスの担任になれたことに感謝し、嬉しく思っていることを伝えました。このとき、本当に心からそう思えたのです（実は、今までに、このクラスの卒業生の結婚招待状が一番多く届いています。彼らは懐かしい思い出話を語り、最後に必ず「僕たちに恩師と呼べるのは先生だけです」と言ってくれます）。

学級通信を一日おきに発行し、生徒との個人ノート（担任との交換日記）も準備しました。他のクラスの担任は、日刊で学級通信を出していましたが、幼子を抱えた私には一日おきがやっとでした。もちろん、学級通信を書くのは、帰宅後子どもを寝かしつけてからです。文化祭や運動会の行事の準備期間中は、一度帰宅して子どもを連れて学校に行きました。いつのまにか生徒のなかに子守係ができました。とにかく、行事に燃える学校でしたから、担任同士も競争心をあおられ、生徒も先生も共に時間を忘れて取り組んでいました。一日の大半を学校で過ごし、しだいに家には寝に帰るだけになってしまいました。夜九時でも十時でも、いつまでも職員室の電気は消えませんでした。平均年齢の若い職場でしたから、学生ののりが抜けきれていなかったのでしょう。

運動会のクラス対抗リレーでは、最後の半周は担任が走るのが恒例になっていました。五クラス中、陸上部出身の教員が男性教員二人と私だったので、この三人のデッドヒートとなりましたが、生徒との作戦が成功し、見事優勝しました。閉会式後、私のもとにクラスの生徒がいっせいに駆け寄り、胴上げをしてくれました。生まれて初めての胴上げです。一回、二回、三回……空が近くに見えました。教師冥利に尽きる瞬間でした。このような感動を一度でも味わってしまったら、教師はやめられなくなるのでしょう。

二年生に持ち上がるとき、教頭に呼ばれ「学級増に伴って教室が足りなくなりました。あなたはどこを使いたいですか」と言われました。〈どこ〉とは、いくつかある倉庫のことです。昭和五十五年の荒れた時代の名残がそのまま封印されているのが倉庫でした。黒板も窓ガラスも天井も、何色ものペンキが飛び散った状態でした。どの倉庫も汚れに関しては大差なかったので、職員室に一番近い倉庫を選び、春休み中に元のクラ人の生徒に声をかけ、整備することにしました。保護者の中には内装やペンキ塗りのプロの方もいて、子どもたちと一緒に手伝ってくださいました。こんなスタートでしたから、持ち上がった二年生は生徒も教師集団も保護者も不思議な絆で結ばれていました。

わがクラスは、一気に学校を建て直そうと立ち上がりました。まずは、生徒会乗っ取り作戦です。生徒会の役員はもちろん、専門委員長もクラスで立候補し〈荒れた学校から活気のある学校へ〉をスローガンに燃えました。少しずつですが、学校が落ち着き始めました。かかわればかかわるほど変わっていく生徒に、われわれ教師集団もますますのめり込み、これほど教職のやりがい感を感じたことはなかった三年間でした。学校は管理職ではなく「現場の最前線にいるわれわれ教員が変える」と意気込んでいたのもこの時代でした。

修学旅行の引率から帰ってきた日、自宅に手作りの煮物と天ぷらとお吸い物が届けられました。クラスの保護者からでした。「疲れて帰ってきて、夕食の支度どころではないでしょう」との心遣いでした。ありがたくいただきました。私も子どもの母親ですが、保護者は私より母親としては先輩です。私は人の温もりを肌で感じながら、地域に、そして《下町のおかあちゃん》方に育ててもらいました。

一年の途中から担任をし、そのまま二年、三年生と持ち上がった三年生が卒業。次なる私の目標は、三年間担任として持ち上がり、卒業生を送り出すことでした。

▽人として教師として、学校建て直し

平成元年～四年　三十～三十三歳

平成元年、念願どおりの一年生担任。生徒と共に担任として一緒に撮った入学式の写真を手にした喜びは最高でした。担任としての充実感は癖になり、もう二度と副担はしたくないと思っていました。三年間持ち上がる夢を持ちながら、三度目の妊娠がわかったのが、二年に持ち上がってすぐのこ

とでした。女であることは、こういう場面を何度となく体験することだと、悟りました。

この時「きっと私にとって最後の出産になるだろう」との思いが頭をよぎりました。優先順位が学校や生徒だった私は、今度こそわが子にしっかりと目を向けようとの思いに変わってきました。今回は今まで一度も利用したことのない育児休業も一年間取らせてもらおうと心に決めました。一生のうちわが子を育てる経験は、もう今しかできないと思ったからです。この年の職場は出産ラッシュでした。私の妊娠がわかったときには、もうすでに、三人が産休期間の報告を済ませていました。私で四人目です。新しく赴任された教頭が、どのようなリアクションをされるのかとても心配でした。

「おめでとう! たとえ私の妻の出産予定日を忘れても、あなたの出産予定日は忘れません」。教頭は私に握手を求め、そう言ってくださったのです。

しかし、都教委は全く変わっていませんでした。またしても、産休代替も育休代替もゼロでした。今度の教頭は、そうした現状の説明はしてくださいましたが、「自分で探してこい」とは言いませんでした。結局、特認という形で、私立高校夜間部の講師の先生と、教員免許は持っているが、教育実習以外一度も教壇に立ったことのない四十代後半の専業主婦の二人で、私の授業を担当してくださることになりました。突然教員になった専業主婦の先生はとても熱心で、ほとんど毎日、産休中の私の家に来ては教材研究をしていました。このような状況を考えると、いても立ってもいられなくなり、育休を取ることを断念しました。

産休中の春休み、突然校長から「保護者からの要望もあり、復帰後は三年担任をお願いしたい」と電話がありました。私の所属していた学年が、二年生になってから、学級崩壊を起こしてしまったのです。これを受けると、育休どころか育児時間さえ取れなくなるわけです。一緒に産休に入った三人の先生方は、それぞれが育休や育児時間を当たり前のように取っているのに、私だけ取れなくなるのです。校長からの「お願い」はやがて「校長命令」になってしまったのです。校長は、当時まだ聞き慣れない「複数担任制」にすることを約束してくださいました。新採の若い男性教員E先生とのTTの始まりです。朝学活はE先生が行き、そのときの様子をていねいにE先生との交換ノートに書いてくれました。私はそれを読んで、出勤後すぐにクラスの生徒の顔を見に行きました。やがてこの交換ノートは、E先生の悩み相談ノートも兼ねることになりました。

この年は、私の教師としての最高のモデルであるF先生と出会えた年でもあります。今までがむしゃらに突っ走ってきた私にはない、人としてまた教師としての生き方をF先生から学びました。分掌の仕事も、今まではほとんどが学習進路部で研修担当でした。ここにきて、初めて生活指導部や教務部の仕事を基本から学べたのも、F先生のおかげです。私は未だにリフレッシュ休暇という休暇の取り方をしたことがありません。しかし、F先生は上手にリフレッシュ休暇を利用します。本格的に学校の建て直しに取り組んだのもF先生のリーダーシップのおかげです。教師の意識改革と職場内のレクリエーション的行事もすべてこなします。部活指導の報奨費がほんのわずか教員に支給されていたのですが、F先生はこれを全部集めて、体育館ギャラリーに教師用のトレーニングマシーンを購入しました。空き時間や放課後など、いつでも気分転換に利用することができます。F先生の影響で、生活指導も「太陽と北風」の太陽に変わってきました。

また、この年は私にとって、思い出すのも苦しくなる人との出会いの年でもありました。十歳くらい年上の、同じ理科担当のG先生です。教科指導も学級経営も大変癖のある人でした。G先生のクラスの学級委員は担任に対するストレスにより女子は首が動かなくなり、男子は円形脱毛症になりました。私は、G先生所属の三学年の理科を一クラスだけ担当することになりました。あるとき、G先生担当クラスより、私が担当しているクラスの学力テストの偏差値が平均で十以上高かったことがありました。G先生からは、事前に試験問題を生徒に漏らしたのではないかと責められ、職員室内で大きな声で、試験問題を盗み見した『盗人ネコ』呼ばわりされました。私は当該学年でもないので、事前に試験問題を見ることはありませんでした。その話を聞いていた三年担任が、生徒の理科のノートをチェックしたところ、何とG先生のほうが、事前に同じ問題を生徒に教えていたのでした。G先生は（職員からは支持されていない）教頭を身方につけ、私への攻撃をしてきました。三年の先生方は、私を守るため教頭にくってかかりました。「まじめに指導している先生のほうが、責められて涙を流すのはおかしい！」と。教頭に殴りかかろうとした男の先生もいました。私はその場にいられなくなり、そのまま帰宅しました。何人かの先生から「気が済むまでゆっくり休むといいよ」と電話をいただきました。ショックで学校に行こうにも行けず、三日間お休みしてしまいました。学校をこんなに休んだのは初めてでした。その間、製薬会社勤めの保護者からは三カ月分の栄養剤が届きました。その後一カ月間近く、右腕が動かなくなってしまいました。病院に行くと精神的なものであると診断されました。同じ職場に、努力しても一緒に仕事をしていくことが難しいと感じる人と出会ったのは、後にも先にもこのG先生だけです。その後「突然、わが子の通う中学校にG先生が赴任してきて、G先生に理科を習う」という恐ろしい夢を何度も見ました。

そんな人もいる職場でしたが、若い女性教員のパワーは最高でした。合唱で学校を建て直そうと、力を注いだ音楽の先生、早朝マラソンで生徒と一緒に毎朝走り続けた養護の先生。男性教員も負けてはいません。サッカー部、テニス部、バスケット部、バレー部、バド部など、各顧問の先生は都大会出場を目指し、帝国ホテルのディナーを賭けて必死に練習していました。この年の夏休み、地域の人の協力も得て、初めての部活合宿も行われました。三学期に行われた合唱コンクールでの生徒の歌声に、見事に建て直った学校を誰もが実感した瞬間でした。

この学校では、三人の子どもを出産し、荒れ狂う中学生とがっぷり四つに組み、同僚と一緒に苦難を乗り越えました。区や都の教育相談研修会にも参加し、人として母親として教師として、多くを学び成長することができました。私が教師として生徒と向き合う基本的な姿勢を身につけることができた学校でした。ここを異動する時、少し骨太になれた気がしました。学校ストレスの「難しい生徒への対応」はいつしか、教職のやりがい感「子どもとの関わりと職場環境の満足感」「対外的な評価への満足感」に変わっていきました。

▽落ち着いた学校・生き方を変える同僚との出会い

平成五〜十年　三十五〜三十九歳

都研の教育相談研修会で同期だったH先生のいる学校に異動になりました。異動に伴う事前の面接で校長から「あなたには、ぜひ親睦会の幹事をお願いしたい。職員旅行には参加しますか」と訊かれたことには驚きました。普通は所属学年・担任か副担か・校務分掌・部活顧問などを伝えられる場面ですが、よほど困っていたのでしょう。「親睦会の幹事はまかせてください。もちろん、職員旅行も参加します。盛り上げればいいのですね」と答えました。ところが、これがこの職場で、一番難しいことに後で気づきました。男性教員と女性教員の仲がとても悪かったのです。というより、職員間全体がギクシャクしていたように思います。プライドの高い人が多く、誰かに何かを訊くことすら互いに抵抗があったようです。新しい職場は、何がどこにあるのかわからないことだらけでしたが、訊いてもあまり答えてくれませんでした。それどころか「おはようございます」の挨拶すら、顔が合ってもしない人がいることにはびっくりしました。ここでも、男尊女卑を感じずにはいられませんでした。

少しずつ職員の人間関係が見えてくると、男性は女性に、女性は男性に不満を抱いていることがわかりました。仕事量に偏りがあることにも気づきました。明らかに男性の仕事量は多く、女性は定時になると帰ってしまいます。(もちろん、そういう人ばかりではありませんが)。

各学年三学級というこぢんまりした学校でした。繁華街に近い学校の割に派手さはなく、生徒や保護者はどことなく品がありました。校則も緩やかで、しっとりと落ち着いて授業のできる雰囲気でした。私はTT加配だということは後で聞かされました。そのため、単独での授業はわずか九時間で、後はみなTTでした。しかも、TTを組んだ先生からは「君はTT加配だから、三年したらまた異動だね」と最初に言われました。本当に担当授業時間数も十二時間と少なく（前任校は教科二十時間、道徳・学活・課内部活三時間の計二十三時間）、私は何のためにこの学校に赴任してきたのか、気が抜けてやる気がどんどん失せていくのを感じました。通勤時間が、三分から一時間になったことも気が重くなる原因の一つでした。「何でこんな上品な学校に来てしまったのか。私はブーツではなく長靴をはいて行ける学校に行きたかった。生徒とどろんこになって校庭で転げ回れる学校に行きたかった」。

ここでもやはり、生徒に救われました。慣れると、ここの生徒も同じ中学生です。小学校時代不登校だった子も、今は元気よく登校してくれていると思うと、嬉しくなってきました。時間的ゆとりができた分、学級通信をこまめに書くようにしました。理科の実験後のレポートも、今まで以上に丁寧に一人ひとりにコメントを書いてあげられます。ゆったりとした気持ちで放課後も質問を受けることができます。「忙しいばかりが学校ではない」と思えてきたのです。ワープロなど使ったことがなかったのですが、この職場はみんながワープロを使いこなしていました。前任校では考えられないことでした。早速、ワープロを購入し使うことにしました。やっと、ワープロに慣れた頃、気づくともう周りはパソコンを使っていました。そのなかにパソコンを神業のように巧みに使いこなすＩ先生がいました。教育現場にもパソコンがどんどん入ってきて、パソコンの使えない私は取り残された気分でした。思い切ってI先生にパソコンのことを相談すると、「わからないところは教えてあげる」と言って、購入する際も一緒に選んでくれました。それからというもの、空き時間になるとパソコン室（小さい部屋ですが）に行き、資料教材を作ったり、成績処理の仕方を習ったり、ありとあらゆることを教えてもらいました。ここでI先生に出会わなければ、私はパソコンを使えないまま、肩身の狭い教員生活を送っていたことでしょう。

部活は陶芸部の顧問になりました。区立中学校には珍しく陶芸小屋がありました。退職された先生が陶芸を教えに来てくださっていました。放課後、その先生に陶芸を習いながら、生徒と一緒に土を練りおしゃべりすることが楽しくなりました。窯に火を入れると、主事さんにも協力してもらうため、主事室にもよく顔を出すようになりました。そのうち、主事さんとも仲良くなり一緒に料理を作ったり、絵手紙を習ったりもしました。それほど、時間的ゆとりがあったのです。

教師になってからずっと、給食室には月一回はお茶菓子を持って顔を出していました。話をしていると、われわれ教員の給食指導の裏側がよくわかります。給食主事さんは「どのクラスの担任は、片づけ方の指導が行き届いているとか、残菜が少ないクラスや片づけがきれいなクラスには、気は心で、少し多めに給食を入れることがある」などという裏話をしてくれます。それを聞いては、食べ残しの扱いや片づけ方に配慮してきました。給食主事さんや用務主事さんにも生徒をかわいがって欲しかったので、担任としてそのパイプ役をしたかったのです。おかげで、給食主事さんも用務主事さんも生徒に気兼ねなく声をかけてくださいました。

H先生・I先生と同じ学年に配属になりました。H先生は一年間研究生として大学院で学んできたことを中学校現場に取り入れ、実践しようとしていました。I先生も私も、一緒に学びながら身につけていきたいと考えました。新しい教育実践のはじまりです。ここから全国に発信しようという勢いでした。私の教職のやりがい感は絶頂点に達しました。H先生は研究主任として、面倒な仕事、大変な仕事はすべて自分でこなし、人に何かを押しつけることは絶対にしませんでした。H先生が私より一足先に異動されたため、研究主任を引き継ぎました。H先生の主任としての立ち居振る舞いは、私の最高のモデルでした。H先生のおかげで、実践事例が本になって発売されました。私も一部執筆をさせてもらいました。H先生が私にくれたチャンスです。

この学校で、初めて研究主任・進路指導主任・学年主任を経験しました。すばらしい仕事をされる女性の先生がたくさんいる職場でしたが、気づくと運営委員会のメンバーのなかで私一人が女性でした。内心、どうしてもっと女性を運営に入れないのか、ここでも不平等さを感じました。女性の先生方は主任に抜擢されても、辞退されていたことは後で知りました。私自身は管理職になりたいとか、指導主事になりたいとかの希望は全くありませんでした。もちろん、主任もやりたくてやっていたわけではありませんでした。少ない職員数のなかでは、誰かがやらないと先に進まないと、単純にそう思っただけでした。だからといって、自信があったわけではありません。仲間が助けてくれるし、共に協力すれば、何とかなるくらいにしか考えていませんでした。無条件に仲間を信頼していました。

そして実際、何とかなってきました。

異動の時が来ました。H先生を見送り、I先生とも別の道を歩まねばなりません。共に教育開発に燃えた仲間との別れは辛いものでした。H先生に「みんながバラバラに散らばるからこそ、行った先々でまた仲間が増えるんだよ」と言われたことだけを信じて、異動しました。

▽人間やめますか。教師やめますか

平成十一〜十四年　四十〜四十三歳

今度の学校は、学年六学級の大規模校でした。四十歳を超えた私は、年相応に格好良く、人事に対しても校長一任で、何を言われても引き受けようと考えていました。ところが校長との事前面接で、すでに強い不安を感じました。事前面接で私の前にいたJ先生が、校長に食い下がっていたのです。どうも訳ありの人事のようでした。教員三十人中八人も入れ替わったのですから。

二年生担任、学年副主任、進路指導主任、研究推進委員。これが私に与えられた役割でした。始業式前日の学年会で学年主任のK先生は、「僕は体も大きいですが、心も広いです」と言って私たちを迎えてくれました。私たちというのは一緒に異動してきた先生たちです。二年生六学級中担任の持ち上がりはたった一人、体育の先生でした。そして他学年からK先生。残りの四クラスは全員新しい先生。前任校で生活指導主任や教務主任経験のある男性教員二人と、女性は私ともう一人若くてパワーのあるL先生でした。この後、われわれ六人の身にどんな恐ろしいことが待ち受けているのか、この時はまだ私には想像がつかなかったのです。こうして運命共同体となった六人は、静かに始業式を迎えました。

始業式の日、私にとって生徒が生徒でなくなりました。全く話にならないのです。今まで、保護者や生徒から、前々任校では《女金八》と呼ばれ、前任校では《女GTO》と呼ばれてきた私が、どんな荒れた生徒とも渡り歩いてきた私が、全く歯が立たないのです。はじめて出会った生徒たちは、担任の私に対し、見ず知らずのどこかのおばさんに向かって言うように、暴言を吐き続けました。彼らは私の過去を知らないのです。私がどんなに生徒が好きで、どんな生徒も最後まで見捨てずに、とことんつき合ってきたかなんて、誰も知らないのです。

朝が来るのが辛くてたまりませんでした。布団のなかでひとしきり泣きました。この時のコツは声をあげて泣くことでした。そして、何かを吹っ切るかのようにして家を出て行くのが日課になりました。来る日も来る日も。高校生の長男は、私の後ろ姿を見て育ちましたので、理科の教師になる夢を抱いていました。ところが、私が布団をかぶって泣く姿を見た時、彼の夢は夢でなくなったと言いました。

給食も喉を通りませんでした。とにかく生徒と一緒に食事はできなかったのです。それでも、生徒は少しずつ私に慣れてくれましたが、私はこの学校に慣れませんでした。校長を恨みました。明らかに人事の失敗です。こんな大変な学年の担任を五人も一気に入れ替えるなんて、もっと荒れるに決まっています。生徒たちは、元の担任に見捨てられたみなしごたちだったのです。

運命共同体の仲間に本音が言えるようになるまでには、時間がかかりました。一番はじめに分かり合えたのがL先生です。女性として同じ悩みを抱えていることもわかりました。一見、怖そうに見える男の先生には、生徒たちは屈するのです。でも、それも時間の問題でした。少なくとも新しく来た四人の先生たちは、「なすすべがない」という共通の悩みを抱えるようになりました。ある担任の給食に生徒が下剤を入れたこともありました。やることが陰湿です。これは人として許せない行為です。もう、生徒が信じられなくなりました。生徒が信じられなくなった教師は教師失格です。

突然、腕にしびれを訴え、一週間近くお休みした先生がいます。原因は不明でした。皮膚に炎症を起こした先生、頭髪が数日のうちに白髪になった先生、精神安定剤を処方してもらいどうにか勤務を続けていた先生。そして私は胃潰瘍と神経痛に悩まされました。こうした体の不調も、その時は誰にも言えませんでした。私以外の先生方が立派に見え、弱音など言えるような雰囲気ではなかったのです。真剣に退職を考えたのもこの頃です。何年か前に、広島の校長先生が卒業式に国歌を歌う歌わないで自殺したニュースが流れたとき、「仕事が辛くて死ぬくらいなら、私は仕事を捨てよう」と心に決めていました。

前任校のH先生に電話で相談しました。「この経験は、きっと後で役に立つ」と、あまり嬉しくない励ましの言葉をもらいました。I先生には毎日のようにメールで愚痴をこぼしました。I先生は唯一弱い自分をさらけ出せる相手でした。メールを打ちながら、辛い気持ちを言葉にすると、私の心がボロボロになっていくのがよくわかりました。この頃、よく自問自答しました。「人間やめようか。

教師やめようか」「せめて人間としての機能を失わないうちに、退職しよう」。あとはそのぎりぎりのタイミングを見極めるだけでした。

そんな辛い時のルーティンワークには空しさを感じました。今まで気にもとめていなかったのですが、絶不調時は「こんなことに時間を取られたくない。もっと実のあることに時間を使いたい」とつくづく感じました。

運命共同体の私たちは、半年が過ぎたあたりから、やっと愚痴をこぼし合えるようになりました。学年の朝の打ち合わせも、全体の打ち合わせの十分前に始めるようにしました。何がおかしかったのか思い出せないのですが、朝からいつも大声で笑っていました。辛くなればなるほど、泣きそうになればなるほど大きな声で笑っていました。運命共同体の私たちは、いつも夜遅くまで離れられませんでした。飲み会があると一次会、二次会、三次会と、会が進めば進むほど最後に残るのは運命共同体の私たちでした。数時間後はまたあの戦場のような職場で顔を合わせるのに。

学年主任のK先生は豪快な方でした。窮地に追い込まれた学年を、笑い声とお酒とカラオケで吹っ飛ばす力を持っていました。学年会ではいつも目の前の生徒に何が必要で、私たちに何ができるか、みんなで考えました。そして、「これ以上悪くはならない」を合言葉に、次から次へとアプローチしたのです。荒れた学年とは、本当はパワーのある学年だったのです。その矛先がちょっとずれているだけだったのです。だから、みんなで少しずつ少しずつ軌道修正していきました。

前任校で学んだ構成的グループ・エンカウンターがいろいろな意味で私を支えてくれました。自分にはワザがあったのです。その研修会やワークショップで知り合った仲間もいたのです。今の辛い気持ちをはき出す相手がいたのです。受け止めてくれる人がいたのです。もし、私にこのようなネットワークがなかったら、今の私はなかったかもしれません。そう考えると、過去のあらゆる出来事には、すべてに意味があり、今を生きるための私に与えられた試練だったようにも思えます。

彼らとのはじめての運動会。二人三脚ならぬ三十八人三十九脚では、男女のジョイント部分に担任が入ります。生徒と共に、来る日も来る日も朝練をしました。運動会予行の日、私に反発し続けていたやんちゃ小僧と肩を組み、倒れ込むように一位でゴールした瞬間、その子が「先生、嬉しい？」と私に訊きました。その一言に「嬉しいよー！」と叫びながら涙がこぼれてしまいました。一位が嬉しかったのではありません。その子が、私を喜ばそうとしてくれていたことが、その子と感動を共有できたことが、嬉しかったのです。その瞬間「退職」の二文字は消えていきました。

人事に失敗し、目の前の生徒やわれわれ職員ではなく、地域の評判を一番大切にしていた校長も退職し、新しい校長を迎えました。新校長は目の前の生徒や職員を一番に考えてくださいました。管理職が替わったことで、体裁をつくろってばかりの学校から、文字どおりガラス張りの学校へと変わっていきました。校内人事も三年担任には、二年時の担任が全員持ち上がりとなりました。クラス替えを前に生徒たちは、「この六人の先生なら、どの先生が担任でもいいな」と言っていました。私たち六人にとって最高の褒め言葉です。彼らはわれわれ六人を担任として認めたのです。もちろん、彼らの卒業式は思い出が多かった分、最高だったことは言うまでもありません。

平成十五年～　四十四歳～

▽求めるものがある限り

この学校に来てから、研修会で講師を頼まれることが多くなりました。本の分担執筆もさせていただきました。このような活動をしていくうちに、大きな壁にぶつかりました。私には理論が不足しているということです。教師ならば、私のような経験は皆さんお持ちです。私など足元にもおよばないすばらしい実践家の先生方がたくさんいらっしゃいます。人様に語ることなど、本当は何もないのです。

この歳になって、向学心に燃え始めたのです。私の所属している研究会の仲間の多くは、教師として活躍しながら、研究に励み、自分なりの課題を持って学び続けていらっしゃいます。私にとって、すばらしいモデルばかりです。社会人大学院のことも知りました。いつしか、私も大学院で学びたいと強く思うようになりました。

校長に相談すると「勤務体制については協力します」と応援してくれました。同僚に相談すると、「全面的にバックアップする」と言ってくれました。後は、私が大学院の入試に合格するだけです。一次試験の筆記試験と書類選考に合格すると、次は面接です。面接官から「仕事と大学院と両立できますか」との質問に、胸を張ってわが上司と同僚のことを話しました。合格・不合格以上に、このチャンスに対し、気持ちよく応援してくれた仲間の存在に感謝しました。

現在、通常勤務をしながら、社会人大学院で学んでいます。そこには損得勘定はありません。今はただ、純粋に「研究したい」と思っているだけです。研究したことを現場に活かせればと思っているだけです。私たち教師が大学院で修士の学位を得たからといって、教師は教師です。立場上、何かが変わるわけではありません。もうすでに、就職しているわけですから、これから就職活動をするわけでもありません。贅沢といえば贅沢な話です。自分のやりたいことをやらせてもらっているのですから。家族や職場の先生方の理解と協力がなければ成り立ちません。

学年の先生方は、大学院がお休みの日に飲み会を企画してくださいます。この職場で、この仲間に支えられている実感をいつも感じています。感じながらも、職場では言いたいことを言っています。互いの持ち味を生かした教育実践のできる学校こそ、活気ある学校だと思います。定年まで、あと何校勤務するかはわかりませんが、その時どきに、大きな流れに逆らわず、しかし、気づいたら自分が大きな流れを創っていけるような教師になりたいと思っています。

■佐藤恵子先生の事例から学ぶこと

佐藤先生の教師生活は、ほぼ主婦・母親という家庭生活との両立の歴史であったと思います。その背景には、文章では書き表せないほどの多くの苦労があったと思います。産休・育児休暇のシステムがしっかり機能していない時代だったのですから。

それなのに、最終的に佐藤先生はいつも前向きに教育実践に向かうことができています。その原動力は何だったのでしょうか。まず、荒れた生徒との対応という学校ストレスに対して、同僚や先輩、恩師というヒューマン・ネットワークを支えに、逃げずに問題解決に当たれたということではないでしょうか。ただ、いつも佐藤先生の周りには、先生を支えてくれる人びとがいるのです。それは単なる幸運が重なったことなのでしょうか。たぶん、人とのつながりを心から求める佐藤先生の姿勢が、先生を支える人びとを呼び寄せたのだと思います。その気持ちは常に生徒たちにも向けられ、それが結果的に生徒との関係も良好になっていった大きな要因だったのだと思います。

さらに、「女金八」と呼ばれるような熱血指導スタイルを確立した後も、そのスタイルだけにこだわらず、生徒たちの変化に合わせて、その指導方法を柔軟に変容させています。その背景には、やはり常に実践の向上を目指し、たゆまぬ研修や学習を続けていたことが大きいと思います。

第3節　教師が中年期以降の発達の問題を克服するポイント

藤田先生、佐藤先生の事例から、中堅・ベテラン教師がアイデンティティを再統合するポイントを考えてみたいと思います。

二人の先生は再統合に至る学校現場での取り組みのプロセスを、次のように乗り越えてきました。

（1）加齢に伴う自分、自分の置かれた状況の変化の重要性を意識して受け止めた。
（2）その変化に新たな知識・技術を積極的に学習・研修して対応した。
（3）今までのやり方と新たなものの折り合いをつけ、その学校に即し統合した形で実践した。

その結果、悪戦苦闘する学校現場の仕事のなかで、喜びを見出せるような境地になれたのではないでしょうか。ではなぜ、二人の先生はそのような選択、行動をとることができたのでしょうか。

1．加齢に伴う自分、自分の置かれた状況の変化の重要性を意識して受け止めた

「力の生活指導」の指導スタイル、「女金八」と呼ばれるような熱血指導スタイルを確立し、自他共に認められるような成果をあげることで、二人の先生も三十代前半までに教師としてのアイデンティ

ティを確立したと思います。第2章第4節で紹介した退職した中学校の先生と同様です。

退職した中学校の先生はそのやり方、教師としての自分に強くこだわり、学校現場の変化、加齢に伴う自分を取り巻く変化のなかでそれを守ろうとしたのに対し、二人の先生は自分のやり方、教師としてのアイデンティティを柔軟に変えていきました。その違いは何なのでしょう。

理由はいくつかあると思いますが、注目すべき点は、二人の先生は、今の状態、目の前の生徒たちに一番いいやり方、教師としての姿勢を強く求めていたから、だと思います。「ギリギリの選択としてはベターの選択だった」と一応自己評価しているものの、その限界をうっすらと感じたとき、現状に満足することなく、さらによりよい実践を求めたのです。

それが「力の生活指導」、熱血指導の正反対のカウンセリングの学習に自らを駆り立てたのだと思います。問題の対処に追われるような状況になる前に、自ら変革的な実践につながる学習をスタートしているのです。

強く外部から迫られる（外発的な動機）というよりも、自らさらによりよい実践をしたいという内発的な動機が強かったのだと思います。当然、そのような意欲があったのは、学校ストレスを適切に処理できていて、教職のやりがい感が高かったという点は言うまでもないでしょう。

ここから学べることは、次の五点です。

1 一つの成功経験に固執せず、逆の立場のやり方にもそれなりになじんでおく。

対応する幅を広げておく。

2．その変化に新たな知識・技術を積極的に学習・研修して対応した自分からよりよいものを求める内発的な動機が強かったのですから、新たな研修も小手先の研修ではなく、二人とも、一年間現場を離れ大学院に派遣されて研修生となった、社会人大学院に入学したという、徹底したものです。

今までの長い教職経験を通して形成した、自負する自分なりの指導方法、教師としての自分を持っている人が、さらに進んで研修するのですから、それなりの本格的な研修が必要になると思います。仕事の合間のちょっとしたものでは、今までのやり方を自ら再検討したくなるような深まりはみられないと思います。微修正どまりです。

そのような取り組みが、次のような姿勢を自然と身につけることにつながったのだと思います。

2 教える立場だけではなく、学ぶ側、状況に意識して自分を置く。新しいものを取り入れる姿勢・学ぶ謙虚さを失わないようにする。

その結果、「力の生活指導」、熱血指導による成果と同じくらいに、カウンセリングという一見今までとは異なったアプローチを主にとったとしても、それに変わるような成果をあげる自信につながったのではないでしょうか。

さらに、新たな学習を生かせるような役割（専任の教育相談員、ＴＴ）を体験でき、その思いを強く実感できたのだと思います。

そのような役割を得たのは、二人の先生が幸運だったというのではなく、そのような姿勢、学習を深めていた二人の先生に対して、役割が人を求めた、という形だったのではないでしょうか。

その結果として、

3 自分が前面にでる役割だけではなく、人をサポートする役割を経験し、その意義を学んでおく。

いろいろな役割のなかにそれぞれの意義・意味があることを知る。


ということを体得できたのだと思います。

「力の生活指導」・熱血指導、教育相談の力量、二つがとても高いレベルになったとき、二人の先生の実践の幅はとても大きく広がり、どちらがいいかという二者択一レベルではなく、両者を統合させてより高いレベルの実践を求め、行動することにつながったのだと思います。

このようなプロセスを通して、二人の先生は、自らの教師としてのアイデンティティの再統合を促進していったのだと思います。

3. 今までのやり方と新たなものの折り合いをつけ、その学校現場に即し、統合した形で実践した

二人とも加齢とともに責任のある忙しい仕事に従事し、多くの学校ストレスに囲まれているのに、どうして前向きに仕事を続けていけるのでしょうか。

「さまざまな問題を抱えていました。だからこそ、それが私のチャンスの目なのだと考えています。まずは、この一年間で何ができるのか、自分の力が最も発揮される土俵は何かを常に考えています」という藤田先生、「定年まで、あと何校勤務するかはわかりませんが、その時どきに、大きな流れに逆らわず、しかし、気づいたら自分が大きな流れを創っていけるような教師になりたいと思っています」と言う佐藤先生、です。

たぶん二人の先生は、管理職、主任ならばこうしなければならない、このようなスタイルでなければならないというような、ステレオタイプ的な、従来の既成の常識に縛られ、必死に現状維持をしようとしているのではないのだと思います。今の状況のなかで、常に自分のマイベストを求めているからではないでしょうか。それが自分の生きがい、生き方であり、結果として学校のため、生徒のためになっているのだと思います。

そういう二人の先生は、まさにアイデンティティの再統合を達成された方なのだと思います。その背景には、次のような支えがあるからではないでしょうか。

4 仕事の役割をも含む大きなアイデンティティを形成できるような趣味、人間関係を形成しておく。

自分のいろいろな面に気づいておく、生き方を自由に忌憚なく語り合う仲間を形成しておく。

そういう自分を支える趣味・ヒューマンネットワークを多様に複数持っているところに、二人の先生のしなやかな強さがあるのではないでしょうか。

二人の先生の考え方、行動に、教師が中年期以降の発達の問題を克服するポイントがあるのではないでしょうか。

第1節、第2節を整理すると、三つの変化が急速に起こるなかで、中堅・ベテランの先生は次のような対応が求められると思います。

（1） 中堅・ベテラン期に入った教師が、ついて行きづらい変化やそれに対する対応が少し難しいと感じたときは、その事実を深刻に受け止める必要がある。

（2） （1）をカバーするための、新たな知識や技術を習得するための研修・学習を、今まで積み重ねてきた経験の大きさに匹敵する位の意識、本格さで行う必要がある。

（3） 中堅期からベテラン期に入る時期に、今までの経験とは異なる役割を進んで求め、経験しておくことが必要である。

そして、三つの変化が急速に起こるなかで、次の点を日頃から心がけていくことが求められると思います。

5 **これでいいという自己満足的な発想から、与えられた条件のなかで、マイベストでよりよい実践をしようという姿勢を持つ。**

そのためには、1〜4を含んだ次の点が必要になるのです。

- 学校ストレスを適切に処理し、教職のやりがい感を意識して実感できるようにし、心の健康度を積極的に保つ取り組みをする。
- 一つの成功経験のみに固執せず、逆の立場のやり方にもそれなりになじんでおく。対応する幅を広げておく。
- 教える立場だけではなく、学ぶ側、状況に意識して自分を置く。新しいものを取り入れる姿勢や学ぶ謙虚さを失わないようにする。
- 自分が前面にでる役割だけではなく、人をサポートする役割を経験し、その意義を学んでおく。

いろいろな役割の中にそれぞれの意義・意味があることを知るようにする。

・自分のいろいろな面に気づく、人間としての幅を広げる趣味を持つ。
・生き方、悩みを自由に忌憚なく語り合えるような三つの人間関係を持つ。

（1） 家族、学生時代からの友人、趣味の仲間などの役割を超えた人びと。
（2） 教師の仕事について、本音で熱く語れる教師仲間。
職場の内と外の両方に持てるのが理想です。
（3） 尊敬でき、指導してくれる先輩、恩師。

このような意識で日頃から生活することで、教師として、一人の人間として、納得できる人生が送れるのではないでしょうか。できるところから、私も一つずつ取り入れていきたいと思います。

そういう意識が低下すると、「私はこれでいい」「悪いのはすべて相手である」「私は指導する立場である」というような、頑固な、融通のきかない、教師くさいような、教師・人間が形成されてしまうのではないでしょうか。

そういう意識が低下すると、「精一杯取り組んでも高が知れている」「誰がやっても、少しぐらいがんばっても変わらない」というような、責任回避的な、無気力な、教師・人間が形成されてしまうのではないでしょうか。

私も自分の問題として、自戒したいと思います。

教育者としての公共的使命感の強い自覚、次の世代の人びとを育成するうえで、世の状況の変化を超えて伝えていきたいこと、それらを意識して実践することは、教師という職業を選択し、その仕事を通して自分の人生を充実させていきたい、と願う多くの教師たちにとって忘れてはならないことだと思います。

しかし、大きな変化の時代に生きるには、固い強い意志や信念と、それを具現化するための、柔軟な考え方・教育技術、人間関係能力が必要だと思います。

最後に

「教育実践環境の変化」「期待される教育内容・活動の変化」「勤務条件の変化」という三つの変化は、同時に起こっていきがちです。それは「教育実践環境の変化」が起こったとき、その対応として行政側がまず考えることは、「期待される教育内容・活動の変化」「勤務条件の変化」をさせることだからです。

しかし、「教育実践環境の変化」が大きく起こった地域、学校に、さらに「期待される教育内容・活動の変化」「勤務条件の変化」を起こさせたら、学校現場の状況、そのなかで働く教師たちの心の健康、教師たち自身の発達の問題は、どうなるのでしょうか。

三つが同時に変化したときの教師の心の健康度の実態を、行政側はしっかりリサーチできているのでしょうか。よかれと思って行った教育改革、教師の資質向上政策は、結果として「教育実践環境の変化」の対応策として有効なことを、実証的につかめているのでしょうか。

私は東京都をはじめとして首都圏の先生方の相談活動をしていますが、その実態を見てみると、学校現場の先生方の心の健康度は、かなり悪化していると感じます。学校ストレスが著しく増加し、多くの教師たちが教職のやりがい感が見えなくなり、燃えつきたり、無気力になっている先生方にかなりたくさん出会うからです。

心の健康度が悪化した教師が直接行う教育実践が、子どもたちに良い成果をもたらすとは、どうしても思えません。

「教育実践環境の変化」に対して、「期待される教育内容・活動の変化」「勤務条件の変化」を起こさせるのが単純に悪いと言っているのではありません。「教育実践環境の変化」の状況に応じて、「期待される教育内容・活動の変化」「勤務条件の変化」につながる教育改革、教師の資質向上政策は、バランスをとって実施することが、切に求められることを強く主張したいのです。

「教育実践環境の変化」が強く起こった地域では、早急にそれに対応したい気持ちはわかりますが、結果として、「期待される教育内容・活動の変化」「勤務条件の変化」につながる教育改革、教師の資質向上政策は、段階的に、計画的に実施しなければ逆効果になりかねないことを指摘したいのです。

毎年一千人の先生方が中途退職している東京の取り組みは、その意味では、学校現場の先生方の心の健康度を考えると、やや性急に過ぎるのではないか、と考えています。

たしかに、三つの変化で、もともとやる気のない、教師としての資質が疑問視される一部の教師たちに、このままではいけないという、意識・行動改革ができたかもしれません。

しかし、三つの変化で、学校や教師が構造的な閉塞状況に陥っていくのを、冷静に見ている創造的で指導力の高い教師たちが、学校教育に見切りをつけ、教職を去り、転職していく実態を聞くにつけ、教育現場は一番失ってはいけない先生たちを失っているのではないか、と心配になるのです。

おわりに

昨年一年、長年の過労がたたり、入院・通院と病院と縁の切れない一年でした。現在も進行形ではありますが……。また、大学時代、大学院時代の仲間が相次いで亡くなるという出来事があり、私としては大きなショック、かつ、自分の人生を一人深く考えさせられた年でした。

ここ十数年、研究・仕事を中心にやってきました。対外的にもしっかり成果を残すことが、自分自身の充実感を支えてきました。しかし、それだけでいいのだろうか、元気に動ける残りの時間が意識されてきたここ数年、自分の人生をより充実させるためには、これからどのような生き方をしていけばよいのか、漠然と考えていました。

奇しくも、大学も学生数の減少という社会的問題の影響を受け、生き残りをかけた大学改革が進行し始めた時期となりました。実は、「教育実践環境の変化」「期待される教育内容・活動の変化」「勤務条件の変化」という三つの大きな変化は、まさに自分自身にも大きな影響を与えるものだったのです。つまり、本書を執筆するプロセスは、他人事ではなく、自分自身の問題だったのだと思います。したがって、多くの東京の先生方の聞き取り面接の内容、ライフラインの事例は、自分にとっても大きな示唆を与えてくれました。自分自身の発達を考えるうえで、大きな学びになりました。

本書に本音の思い、率直な思いを綴った事例を寄せてくださった、たくさんの東京の先生方に深く感謝したいと思います。ただ、本書の性格上、多くの先生方の名前を公開して感謝の意を表することができないことをお許しください。

最後に、本書の完成を心から応援してくださった、元誠信書房編集部の長林伸生氏に感謝します。長林氏の在職中に完成できなかったことを申し訳なく思っております。長林氏も自分の発達の問題・アイデンティティの再統合の問題で転職されたのだと思います。いつかゆっくり語り合いたいなと思います。そして私の遅い仕事をじっくり待ってくださり、最後まで支援してくださった松山由理子編集長に、本書の執筆の機会を与えてくださったことも含めて、深く感謝いたします。

本書が全国の多くの先生方に読んでいただけることを祈って、筆をおきたいと思います。

二〇〇六年　早春

年度末に中途退職するかつての同僚教師と、
新たに教師となって巣立っていく学生たちを思いながら

河　村　茂　雄

河村茂雄（かわむら　しげお）

都留文科大学大学院教授，日本カウンセリング学会常任理事，日本教育心理学会理事，日本教育カウンセラー協会岩手県支部長。筑波大学大学院教育研究科カウンセリング専攻修了，博士（心理学）。

15年間公立学校教諭および教育相談員を経験し，東京農工大学講師，岩手大学助教授を経て，現職。論理療法，構成的グループエンカウンター，ソーシャル・スキル・トレーニング，教師のリーダーシップと学級経営について研究を続ける。「教育実践に生かせる研究，研究成果に基づく知見の発信」がモットー。学生，教師，社会人を対象にカウンセリング，構成的グループエンカウンターのワークショップを定期的に実施している。

主著書：『教師力（上・下）』『教師のためのソーシャル・スキル』『学級崩壊に学ぶ』『心のライフライン』『フリーター世代の自分探し』（誠信書房），『学級担当の特別支援教育』『グループ体験による学級育成プログラム小・中学校編』『楽しい学級生活を送るためのアンケートQ-U小・中・高校編』（図書文化），他

心のライフライン③
変化に直面した教師たち
——一千人が中途退職する東京の教師の現状と本音

2006年5月20日　第1刷発行
2008年1月15日　第2刷発行

著　者　河 村 茂 雄
発行者　柴 田 淑 子
印刷者　西 澤 利 雄

発行所　株式会社　誠 信 書 房
〒112-0012 東京都文京区大塚3-20-6
電話　03 (3946) 5666
http://www.seishinshobo.co.jp/

あづま堂印刷　協栄製本

ISBN4-414-20218-3 C1037

学校心理学

石隈利紀著

●教師・スクールカウンセラー・保護者のチームによる心理教育的援助サービス　日本における「学校心理学」の体系を提示し，それに基づいて一人ひとりの子どものニーズに応える学校教育サービスの新しいシステムを具体的に示した決定版。

目　次

◇第Ⅰ部　理論編――学校心理学の体系
第１章　新しい学校教育サービスをめざして
第２章　アメリカにおける学校心理学――スクールサイコロジストの実践体系
第３章　日本における学校心理学――心理教育的援助サービスの体系
第４章　心理教育的援助サービスの基礎概念
第５章　心理教育的援助を担う４種類のヘルパー
第６章　３段階の心理教育的援助サービス
第７章　スクールカウンセラーに求められる役割に関するニーズ調査から
◇第Ⅱ部　実践編――心理教育的援助サービスの実践活動
第８章　心理教育的アセスメント――心理教育的援助サービスの基盤として
第９章　カウンセリング――児童生徒への直接的援助として
第10章　教師・保護者・学校組織へのコンサルテーション――児童生徒へのチーム援助として
第11章　学校心理学の固有性と今後の課題

A5版上製382p　定価 3990 円(税５%込)

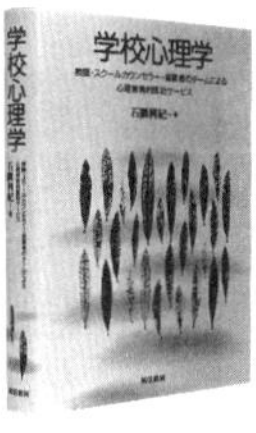

学級崩壊に学ぶ

河村茂雄著

●崩壊のメカニズムを絶つ教師の知識と技術

学級崩壊の原因を明らかにし，崩壊初期・中期・末期それぞれの段階における具体的な対応の仕方をわかりやすく解説。さらに，子どもの自己確立の援助と学習・生徒指導をバランスよく行う新しい学級経営のあり方を提唱する。

目　次

第１章　学級崩壊には二つのパターンがある
第２章　学級崩壊はどの教師にも起こる
第３章　学級崩壊のプロセス
第４章　学級崩壊からの再生１――目標とする学級集団とは
第５章　学級崩壊からの再生２――現在の状況を打破する方法
第６章　教師が活用したいカウンセリング技術
第７章　学級崩壊の不安を払拭するポイント

四六判上製 206P　定価 1890 円(税５%込)

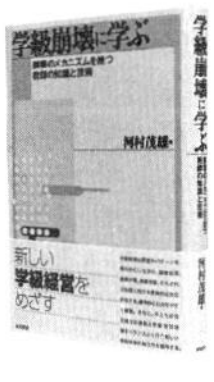

誠　信　書　房